Les *Fables* inspirèrent bien des illustrateurs,
au premier rang desquels François Chauveau.
Vinrent ensuite, au XVIIIᵉ siècle, Oudry et Cochin,
puis, au XIXᵉ siècle, Moreau le Jeune, Carle Vernet,
son fils Horace et son gendre Hippolyte Lecomte,
Achille Devéria, Henri Monnier, Tony Johannot,
J.-J. Grandville, et enfin Gustave Doré, dont l'œuvre
nourrit encore aujourd'hui la mémoire populaire.

La raison du plus fort est toujours la meilleure :
Nous l'allons montrer tout-à-l'heure.
Un Agneau se désaltérait
Dans le courant d'une onde pure…

Autrefois le Rat de ville
Invita le Rat des champs,
D'une façon fort civile,
A des reliefs d'ortolans…

Les Grenouilles, se lassant
De l'état démocratique,
Par leurs clameurs firent tant
Que Jupin les soumit au pouvoir monarchique.

Un Loup, qui commençait d'avoir petite part
Aux brebis de son voisinage,
Crut qu'il fallait s'aider de la peau du Renard,
Et faire un nouveau personnage…

Il faut, autant qu'on peut, obliger tout le monde :
On a souvent besoin d'un plus petit que soi.
De cette vérité deux fables feront foi;
Tant la chose en preuves abonde...

Un Lièvre en son gîte songeait :
(Car que faire en un gîte, à moins que l'on ne songe?)
Dans un profond ennui ce Lièvre se plongeait :
Cet animal est triste et la crainte le ronge.

Perrette, sur sa tête ayant un Pot au lait,
Bien posé sur un coussinet,
Prétendait arriver sans encombre à la ville.
Légère et court vêtue, elle allait à grands pas...

L'Avarice perd tout en voulant tout gagner.
Je ne veux pour le témoigner
Que celui dont la Poule, à ce que dit la fable,
Pondait tous les jours un œuf d'or.

Patrick Dandrey
enseigne la
littérature française du
XVIIᵉ siècle à l'Université
de Paris-Sorbonne.
Il a édité plusieurs
œuvres littéraires de
cette époque à laquelle
il a consacré aussi
une centaine d'articles
et une quinzaine de
livres, parmi lesquels
*La Fabrique des Fables.
Essai sur la poétique
de La Fontaine* (1991,
rééd. 1992 et PUF,
«Quadrige», 1996) et
*La Fontaine : œuvres
«galantes»* (1996, coll.
«Parcours critique»).
Il dirige la revue
Le Fablier, organe
de la Société Jean
de La Fontaine dont
il est le président.

1ᵉʳ dépôt légal : mars 1995
Dépôt légal : décembre 2000
Numéro d'édition : 83767
ISBN : 2-07-053322-0
Imprimerie Kapp Lahure
Jombart, à Evreux

LA FONTAINE
OU LES MÉTAMORPHOSES D'ORPHÉE

Patrick Dandrey

A en croire La Fontaine lui-même, «les *Fables* ne sont pas ce qu'elles semblent être». On dirait volontiers que leur auteur non plus : pour raconter La Fontaine, il faut d'abord faire table rase des légendes persistantes et des simplifications trompeuses qui se substituent à une réalité dont on ignore bien des détails – et souvent même, pour les périodes antérieures à son entrée dans la carrière poétique, l'essentiel.

CHAPITRE PREMIER
L'ÉCOLE D'ORPHÉE : LA FONTAINE PAR MONTS ET PAR VAUX

La lyre d'Orphée sied-elle mieux à La Fontaine que la perruque «grand siècle»? La légende lui prête l'une ; l'histoire l'affuble de l'autre. La vérité se situe à mi-chemin entre cette image de la nature et cette parure de son image : entre naïveté et artifice.

«Prends la légende et tords-lui le cou !» [d'après] La Fontaine

L'enfer (littéraire) est pavé de simplifications. La Fontaine ? Un fabuliste un peu étourdi, vous dira-t-on, assez paresseux, toujours frondeur, droit héritier du bon Esope et opposant résolu aux pouvoirs établis, qui emprunte le masque des animaux pour critiquer la société des hommes. Ainsi parle la légende. Et voilà tout.

Mais la réalité ? En voici un aperçu brut, tout en chiffres. Les animaux ne forment qu'un tiers, à peu près, des quatre cents personnages des *Fables*. Les deux cent quarante *Fables* ne constituent qu'une part, imposante mais relative, de la production du poète, qui composa aussi : soixante-quatre contes, un roman mêlé de prose et de vers, une idylle héroïque, deux livrets d'opéra, deux tragédies (l'une lyrique et

Le mythe d'Orphée confondait dans une même figure l'inspiration et le poète inspiré. L'allégorie du Parnasse, restaurée par les Italiens de la Renaissance et interprétée ci-dessus par Nicolas Poussin, dédouble le rôle : Apollon désormais tient la lyre, trônant entre la Muse et le Poète (épique, ici) auquel il dicte les vers qui lui valent d'être couronné. La Fontaine mettra en scène le dieu et les neuf sœurs dans *Clymène*, *Le Songe de Vaux* ou *Psyché*.

l'autre inachevée), deux comédies, un ballet comique, les fragments d'un songe, un poème scientifique, trois épîtres critiques en vers, un poème chrétien, deux paraphrases de textes sacrés, une relation de voyage, six élégies, des satires, des odes, des ballades, des madrigaux, des sonnets, des chansons, des épithalames et des épigrammes, un pastiche, des traductions de vers latins, des lettres, beaucoup de vers de circonstance et de pièces perdues… Bilan estimable pour un paresseux ; et travail de ciselure versifiée qui suppose bien de l'attention et de la concentration pour un étourdi.

De plus, dans aucune de ces diverses œuvres, nulle trace de «fronde» contre les rois despotiques, les conquérants insatiables, les courtisans cauteleux, les grands seigneurs vains et cruels, les juges corrompus, les financiers attrape-tout ou les savants imbéciles qui sont la cible privilégiée des *Fables*. Au demeurant, même dans celles-ci, guère de trait critique ou satirique qui n'ait son contrepoint ; et des attaques tous azimuts dont on serait assez embarrassé de dégager une philosophie politique et des partis pris idéologiques bien cohérents. Tout au plus le fabuliste applique-t-il les lois d'un genre qui, parce que moraliste, égrène les récriminations, les remontrances et les vitupérations sarcastiques attendues contre les puissants du jour et de toujours, avec un grain de sel supplémentaire ici ou là qui suggère, c'est vrai, une indignation authentique, mais diffuse, biaisante, et somme toute ponctuelle. La Fontaine est poète avant d'être idéologue.

Cela ne l'empêche pas d'être penseur à part entière – mais en poète : penseur parce que poète, parce que le ton poétique, parce que le tour et le détour par les méandres de la musique et de l'image découvrent sur le monde un point de vue renouvelé, imprévu, incisif ou allusif, qui suggère une sagesse de derrière les

Plaisant pastiche d'Orphée charmant les animaux et d'Apollon dictant des vers sous l'arbre de la science, voici Esope, père fabuleux de la fable, au milieu de ses «sujets». On ne sait rien de certain sur l'esclave phrygien du VIᵉ siècle av. J.-C. auquel, après Hérodote, les anciens (et Platon lui-même) prêtaient l'invention de l'apologue. Mais la légende lui attribue nombre d'aventures où brille sa sagesse celée sous un masque difforme. La Fontaine a placé en tête de son propre recueil une vie d'Esope par le moine Planude : première «fable» du volume, elle constitue la matrice de toutes les autres.

apparences, une sagesse masquée. Fabuliste sans doute, mais fabuliste-poète, qui métamorphose l'apologue ésopique plutôt qu'il ne l'imite.

Métamorphose : voilà où il faut toujours revenir pour comprendre La Fontaine, pour saisir sous leur diversité l'unité changeante de ses *Fables* et le perpétuel renouvellement de toute son œuvre.

La maison acquise par Charles de La Fontaine dans les années 1620, gravée en 1811. Elle a perdu, depuis, sa tour en poivrière qui lui conférait un air seigneurial.

«Je suis un homme de Champagne»

Le 8 juillet 1621, à Saint-Crépin de Château-Thierry, était baptisé Jean, fils de Charles de La Fontaine et de Françoise née Pidoux. S'il n'avait aucun droit au titre d'écuyer dont il se hasardait parfois à se prévaloir, Charles faisait figure de bon bourgeois, candidat à l'anoblissement pour lui-même ou pour sa descendance, particulièrement depuis qu'il avait acquis la charge de maître particulier des eaux et forêts du duché de Château-Thierry et de la prévôté de Châtillon-sur-Marne, avec le titre de conseiller du roi. Ces fonctions s'achetaient à prix d'or et entraient dans une stratégie d'accès progressif aux rangs privilégiés de la noblesse, exempte de l'impôt.

Quatre ans plus tôt, Charles avait épousé Françoise, de douze ans son aînée, veuve d'un marchand de

Coulommiers : elle l'avait aidé dans ces emplettes honorifiques et profitables. Trop jeune pour avoir déjà hérité de son propre père, il avait dû puiser aussi dans la dot de sa femme pour acquérir pignon sur rue – une belle demeure en pierres, à trois corps de logis entre cour et jardin, massive et cossue, peu ornementée mais élégante, sise sur le coteau entre la Marne et le château qu'avait jadis fait édifier le roi Thierry IV, l'avant-dernier des Mérovingiens. La maison est aujourd'hui devenue le musée Jean-de-La-Fontaine, sans avoir rien perdu de son charme, ni le jardin de cette gaieté qui dans les provinces du Nord tient lieu d'éclat.

A son milieu d'origine, le petit Jean devenu grand devrait d'épouser, un jour de novembre 1647, Marie Héricart, native de la Ferté-Milon et apparentée aux Racine, qui lui donnerait un fils. Il devrait encore à la tradition familiale l'achat d'une charge de maître des eaux et forêts, acquise du successeur de son beau-frère en 1652. S'y ajouterait en 1658

Château-Thierry, petite ville incluse dans la généralité de Soissons, aux frontières de la province de Champagne qui n'a pas encore inventé le champagne, vit modestement au XVIIe siècle du commerce fluvial sur la Marne et des revenus de la terre – eaux et forêts… Outre les deux charges, surtout honorifiques, qui portent cet intitulé, Charles de La Fontaine

peut compter autour de 1640 pour faire vivre femme et enfants sur les intérêts de plusieurs prêts hypothécaires ; sur les rentes que lui font trois maisons de la grand'rue et deux du faubourg, plus quelques terrains en ville ; sur le rapport de trois fermes, de cinq arpents de vigne et de plusieurs prairies à Coulommiers, Clignon et Montmirail. Avec les biens propres de Françoise Pidoux, cela constitue une assez belle fortune pour ce descendant d'une lignée de marchands.

l'héritage de celle de son père, en réalité branche morte d'une succession embrouillée et ruineuse. Sans compter le titre usurpé d'écuyer, qui lui vaudrait poursuites et amende en 1662 ! Autant de liens et de biens qui ne lui profiteraient guère et qu'il finirait par perdre ou délaisser au terme de conflits lassants qui allaient l'éloigner définitivement de Château-Thierry et des siens, pour se retrouver Gros-Jean comme devant, la cinquantaine venue. Adieu femme, charge, maison et rang d'écuyer...

Cette liberté subie plus que voulue, nous lui devons pour partie l'œuvre qu'il nous a laissée, si du moins l'on se fie à la concordance des dates : chaque part de ses attaches qu'il abandonne, c'est un pas plus avant en direction d'une carrière littéraire à laquelle rien, ni ses origines, ni son milieu, ni sa situation, ne semblait au départ l'appeler.

L'école de la province

A la Champagne, cependant, il dut bien quelque chose en sus du calamiteux héritage familial : un legs plus impalpable, mais plus fécond et durable. D'abord, sa première éducation et ses études au collège de Château-Thierry. En compagnie de François Maucroix, l'ami de toute sa vie, il dut y rencontrer, comme tous les collégiens de France, les apologues (autre façon de dire les *fables*) d'Esope et de Phèdre. On lui inculqua l'art de les gloser, de les transposer, de les ornementer, la manière d'en juger l'effet et d'en jauger la leçon.

Peut-être faut-il mettre aussi au compte de sa province natale l'héritage plus lointain des trouvères médiévaux qui ciselèrent le chant courtois du lyrisme champenois. Tels les Gace Brulé et les Chrétien de Troyes,

L e XVIIᵉ siècle se méfie du Moyen Age dont il traite l'art de «gothique» (digne des barbares goths). Mais il ne l'ignore pas. La naïveté supposée de la poésie médiévale séduit les mondains par ses archaïsmes savoureux : plus que le lyrisme des trouvères (à gauche, Thibaut de Champagne,1201-1253), le charme des Ysopets, recueils de fables ésopiques illustrées, enchante l'imagination (ci-dessus, «Le Geai paré des plumes du Paon», XVᵉ siècle).

protégés par la duchesse Marie de Champagne ;
et aussi ce Thibaut, son petit-fils, dont les chansons
d'amour avaient au XIIIe siècle égayé de leur grâce
enjouée et mélodieuse l'expression brûlante des
passions émaciées qu'exaltaient les troubadours
du Midi.

Enfin, il est probable que La Fontaine tira encore
de son adolescence provinciale et, beaucoup plus
tard, de son travail d'ordonnateur, de régisseur et
de juge-arbitre des bois, des marais et des fleuves
champenois, un vivier d'images, un pas de
promeneur, une prédilection pour la solitude et
l'observation. Ces expériences sensibles devaient
nourrir de vie, de rythme et de couleur authentiques
la leçon des livres qu'il imiterait et le noir et blanc
des gravures dont on ornerait les siens. En un temps
où l'on n'observait la nature guère qu'en chambre
à travers le filtre des mots, où l'on ne se promenait
que dans les jardins et les parcs, campagnes policées
et architecturées, il avait respiré, lui, l'air vivifiant
du terroir.

Cette richesse sensible et singulière n'animerait
certes pas d'origine son inspiration, qui prendrait
corps entre les pages des livres lus et relus par lui.
Mais du moins aurait-elle le pouvoir d'impressionner,
en les marquant d'une touche personnelle,

Esquisse pittoresque de La Fontaine en chasseur, ou comment se mêlent les leçons de la nature et de la convention poétique :
«A l'heure de l'affût,
soit lorsque la lumière
  Précipite ses traits
dans l'humide séjour,
  Soit lorsque le soleil
rentre dans sa carrière,
  Et que n'étant plus
nuit, il n'est pas encor
jour,
  Au bord de quelque
bois sur un arbre je
grimpe ;
  Et nouveau Jupiter du
haut de cet Olympe
  Je foudroie à
discrétion
  Un lapin qui n'y
pensait guère»
(«Discours à M. de
La Rochefoucauld»,
Fables, X, 14).

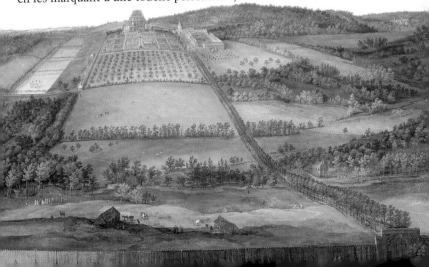

une culture, une sensibilité et une pratique poétiques exercées par les lectures studieuses et les imitations livresques. Ainsi à la longue se réaliserait cette rencontre, cette fusion même entre l'art et la réalité, qui devaient conférer à la meilleure part de son œuvre la grâce du naturel, osmose supérieure entre la vérité brute et l'artifice raffiné.

Tout semble donc prêt pour la métamorphose de l'adolescent champenois en fabuliste et de l'apologue

L a Fontaine à la «Table ronde», Molière à la «Pomme de pin», artistes et gens de plume côtoient au cabaret étudiants et gens d'armes qui forment avec eux le joyeux et tumultueux compagnonnage des assemblées bachiques où l'on boit, fume, joue et pérore.

ésopique en poème. Tout, sauf la vie, avec ses détours, et singulièrement celle de La Fontaine, avec ses caprices. Ce cheminement capricieux prit plus de trente ans.

L'école de Paris : entre cloître et cabaret

Parti pour la capitale vers 1635, selon certains témoignages, achever ses études puis y apprendre le droit, comme son ami Maucroix, La Fontaine semble y avoir mené surtout joyeuse vie, fréquentant les cabarets de la montagne Sainte-Geneviève. Et puis voici qu'en avril 1641, sans qu'on connaisse ses raisons, inattendues chez l'aîné d'une famille fortunée, il songe à la prêtrise et entre en noviciat à l'Oratoire de Paris.

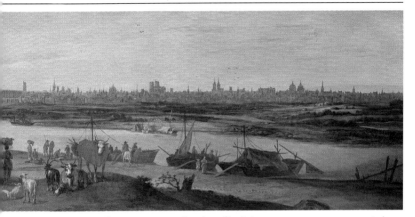

L'Oratoire est alors une congrégation d'origine récente qui regroupe des prêtres vivant dans la rude discipline d'une communauté quasi monacale. Leur couvent constitue un milieu intellectuel et spirituel très actif et attractif, mais exigeant, et plus tourné vers la méditation philosophique et théologique qu'occupé de romans et de galanterie ! Admis parmi leurs disciples sans avoir été clerc, Jean de La Fontaine reçoit sur place la robe et le petit collet. Son frère cadet Claude, lui déjà tonsuré, l'y rejoindra six mois plus tard. Jean séjourne d'abord dans la maison mère de la rue Saint-Honoré face au Louvre, puis, à partir du 28 octobre 1641, dans la maison de Saint-Magloire, au faubourg Saint-Jacques. C'est là qu'il prend pour directeur le père Desmares,

Dans une capitale que les Bourbon, Henri IV et Louis XIII, se sont attachés à embellir, mais encore proche de la campagne qui cerne ses murs (ci-dessus), on compte autant d'églises que de cabarets. La congrégation de l'Oratoire fut fondée en 1611 dans le cadre de la Contre-Réforme par Bérulle (1575-1629) qui s'en fit en France le champion par sa spiritualité et son art d'organisateur. On s'y exerçait par la prière, la confession, les lectures pieuses, à transfigurer l'«homme intérieur». De la maison mère (ci-contre), on peut voir encore rue Saint-Honoré l'église bâtie autour de 1630 sur les plans de Lemercier, qui avait édifié le pavillon de l'Horloge au Louvre. Bossuet y prononça en 1662 l'oraison funèbre du P. Bourgoing, supérieur général au temps du noviciat de La Fontaine.

ancien disciple de l'abbé de Saint-Cyran et proche donc des austères jansénistes de Port-Royal.

Et voilà comment, déjà enclin aux métamorphoses, le futur auteur des *Fables* et surtout de plusieurs dizaines de *Contes* si délicieusement licencieux, entame sa vie d'adulte par une conversion religieuse pour le moins inattendue. Inattendue, mais éphémère : il ne demeura en religion que dix-huit mois. Selon son ami Brienne, «il en sortit ou on le pria de se retirer, parce qu'il fit des vers sur la manière de prier de l'Oratoire. [...] Il ne pouvait aller à l'oraison et il ne travaille que la nuit». Lui-même, plus tard, contait ainsi la chose : «Desmares voulait m'enseigner la théologie; ils [les Oratoriens] ne le voulurent pas. Ils crurent qu'il ne pourrait me l'enseigner, ni moi que je pourrais l'apprendre. – Mais à quoi passiez-vous vos journées ? – Desmares s'amusait à lire son saint

Honoré d'Urfé (1567-1625) qu'une gravure romantique montre ci-dessous rêvant dans la galerie de son château de la Bastie, en Forez, avait situé dans cette région du pays lyonnais, au bord du Lignon et au temps de la Gaule druidique, son roman-fleuve des amours d'Astrée et Céladon (1607-1627). Ce récit à méandres contait aussi les mésaventures galantes d'une société de bergers raffinés, rivalisant d'efforts pour conquérir et garder le cœur de leurs belles. Imitée des pastorales italiennes, *L'Astrée* fut, jusqu'à *La Princesse de Clèves* (1678) qui révolutionna le genre, le modèle du roman d'amour allégorique.

Augustin et moi mon *Astrée*» (Le Verrier). *L'Astrée*, célèbre roman pastoral d'Honoré d'Urfé, exalte certes lui aussi la paix, la solitude, voire la méditation; mais assurément pas en passant par les voies de la contemplation ni de la contrition religieuses.

Notre poète n'en demeurera pas moins lié toute sa vie aux milieux oratoriens et jansénistes. Cette corde de sa lyre vibrera de temps à autre jusqu'à sa mort, formant contrepoint à son épicurisme sceptique et à son culte du plaisir. Est-il d'ailleurs penchant plus

naturel au contrepoint que d'entrer en religion pour composer la nuit des vers, sans doute badins, sur «l'esprit d'oraison»?

«Un garçon de belles lettres»

Rendu à la vie de cabarets et de galanteries, La Fontaine passe alors pour un «garçon de belles lettres et qui fait des vers» (selon Tallemant des Réaux) parmi de joyeux et habiles compagnons comme Mainard, Furetière, Cassandre ou Pellisson. Tout ce beau monde taquine le vers irrégulier, courtise les Muses enjouées de la vieille tradition française, avec leurs archaïsmes savoureux, et rime à qui mieux mieux tantôt des pièces enjouées et galantes, tantôt des sujets d'actualité: de «grande» actualité, politique et sociale, ou de toute petite actualité, poussière des allusions à la vie menée entre compagnons de plaisirs.

Cette «vanité» de Damien Lhomme (1641) et ce portrait de Pellisson (1652) illustrent la dualité d'attraction qui aimante le XVIIe siècle français: d'un côté le sentiment du néant de la vie humaine, dont les plaisirs, le savoir et le pouvoir figurés par les objets qui entourent le crâne sont par cette seule présence disqualifiés; et de l'autre côté l'exaltation badine des petits riens de l'existence que l'art magnifie. De cet hédonisme qu'il cultiva dans le salon de Mlle de Scudéry, dans l'entourage de Fouquet dont il fut l'homme de confiance, puis de Louis XIV qui le lui pardonna et le nomma son historiographe (1670), Paul Pellisson (1624-1693), historien de l'Académie française et théoricien des prémices du classicisme, incarne alors l'inspiration légère et délicate.

Ils se réunissent à l'enseigne de la Table ronde. Le nom de ce cabaret leur suggère de se former en académie de «palatins», du nom de ces chevaliers légendaires qui peuplent les romans arturiens, relus par eux sur un mode mi-complice, mi-burlesque. Si les soubresauts de la Fronde, entre 1648 et 1653, ne semblent guère avoir affecté ces nouveaux *palatins* – ou *paladins* – fort peu guerriers, la paix civile retrouvée leur offre les charmes d'une vie effervescente de salons, de coteries et de plaisirs, propice à faire valoir leur talent de plume : c'est l'époque où sévit, légendaire ou véritable, on ne sait trop, la mode de la «préciosité», avec sa cohorte d'extravagances et de jeux littéraires, vestimentaires et amoureux.

Son mariage en 1647, l'acquisition de sa charge en 1652, la naissance de son fils un an plus tard, n'empêchent pas notre poète débutant de mener entre Château-Thierry et Paris jusqu'à la mort de son père en 1658 une existence de presque célibataire et d'éternel jeune homme, dépensier et étourdi : «Sa femme dit qu'il rêve tellement qu'il est quelquefois trois semaines sans croire être marié» (Tallemant). En témoignent certaines aventures passablement extravagantes, évoquées par le même Tallemant et corroborées par la *Lettre en vers* que le poète adresse cette année 1658 à l'abbesse de Mouzon, laquelle

A en croire les commérages bien informés de Tallemant des Réaux (1619-1690) dans ses *Historiettes*, La Fontaine trompa Marie Héricart par étourderie plus que par libertinage. Elle avait douze ans de moins que lui, et quatorze seulement quand il l'épousa.

lui aurait accordé ses faveurs dans des conditions rocambolesques et gaillardes, annonciatrices des *Contes* qu'il rimera bientôt, s'il n'a déjà commencé à y travailler.

L'appui combiné de ses alliances familiales à Château-Thierry et de ses amitiés littéraires à Paris lui vaudront, vers 1657, d'être présenté par son oncle Jannart, puis recommandé par cette spirituelle et galante épître en vers, au Surintendant général des finances, qui se voit déjà Premier ministre lorsque Mazarin déclinant aura disparu de la scène et que Louis XIV aura pris place réelle sur le trône : il se nomme Nicolas Fouquet.

Ce bal sur la terrasse d'un palais, par Hieronymus Janssens, offre l'image apprêtée mais fidèle d'une société hédoniste qui adora la musique et la danse. La pantomime amoureuse que dessinent les figures du cavalier et de sa dame confère aux danses de cour une élégante sensualité que le bal de *La Princesse de Clèves* allait immortaliser.

Un ministre des Finances fastueux

Fouquet, ce puissant du moment, a compris que, pour passer du second rang au tout premier dans le conseil du roi, il faut s'entourer d'artistes et jouer les mécènes. C'est ce qu'avait fait avant lui Richelieu, protecteur du théâtre et fondateur de l'Académie française. C'est encore ce que continuait de faire Mazarin, qui n'avait cessé de collectionner, patiemment, entre deux éruptions de Fronde et avec un sens aigu de l'arrondissement de son patrimoine, livres, sculptures et tableaux. Ceux-ci, légués après la mort de leur propriétaire à Louis XIV, enrichissent aujourd'hui le Louvre.

Tout comme celui des deux cardinaux, le goût de Fouquet est sûr, non seulement pour les beautés des arts et lettres, mais, de surcroît chez lui, pour la beauté des dames. La belle marquise de Sévigné, qui alors triomphait en ceci avant de s'illustrer en cela par sa correspondance féconde, participait de

La marquise de Sévigné (1626-1696, page de droite, par Pierre Mignard), veuve depuis 1651, fit partie des dames de l'entourage de Fouquet. Elle frémit, lors de la chute du surintendant, pour des lettres d'elle qu'on avait pu saisir dans la cassette de l'illustre déchu. Ce fut sans suites fâcheuses : elle continua d'écrire force correspondance. Elle n'y démentit jamais sa fidélité à la cause (perdue) du prisonnier. La sensualité du ministre dut s'enchanter de cette figure de «La Nuit» (ci-dessous), chef-d'œuvre de Le Brun exécuté pour un plafond de Vaux. «Par de calmes vapeurs mollement soutenue/La tête sur son bras, et son bras sur la nue», la Nuit répand des pavots «Tout fraîchement cueillis dans les jardins du Somme». Et La Fontaine de conclure, dans un transport d'enthousiasme descriptif : «Qu'elle est belle à mes yeux, cette Nuit endormie!» (*Le Songe de Vaux*)

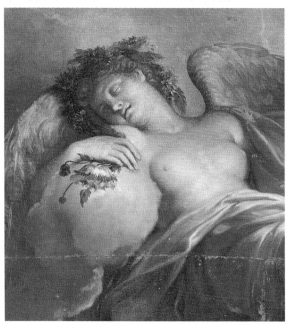

cette cour en miniature qui environnait l'astre (financier) montant.

Lequel dépensait sans compter son argent et, disaient de mauvaises langues, celui de l'Etat un peu aussi, afin d'offrir à son élégant et parfois prestigieux entourage un palais enchanté : son domaine de Vaux, château bâti par Le Vau, salons décorés par Le Brun, jardins dessinés par Le Nôtre. Louis XIV n'aurait qu'à prendre cette équipe déjà constituée pour la transférer un jour prochain à Versailles, après s'être débarrassé du trop brillant mécène qui paraîtrait au Roi-Soleil capable sinon coupable de lui faire quelque ombre.

Pour l'heure, durant les années 1655-1660, le grand argentier brille de tous ses feux et de tout son or, dont il est prêt à enrichir les talents dévoués à sa gloire. Or il était grand temps qu'un puissant protecteur guidât le fils de famille impécunieux qu'est alors La Fontaine vers son destin poétique. Il vient d'atteindre trente-sept ans sans avoir rien produit au jour qui compte vraiment. Mais il a appris…

Un aperçu sur les jardins de Vaux (ci-dessous) dans leur état définitif, tels que La Fontaine les rêve dans *Le Songe de Vaux*.

ODORATVS.

Sa bonne étoile introduit La Fontaine dans l'entourage de Fouquet à partir de 1658. En sortiront, outre *Adonis* déjà écrit et *Le Songe de Vaux* inachevé, des pièces de circonstance que le poète baptise plaisamment «pension poétique» : une pension qu'il s'engage – par contrat ! – à verser tous les trois mois à son protecteur en échange de celle qu'il reçoit de lui. Huit ans de cette école lui permettront de produire son premier vrai chef-d'œuvre : les *Contes et nouvelles en vers.*

A MONSEIGNEVR
FOVCQVET
MINISTRE D'ESTAT,
SVR-INTENDANT
DES FINANCES,
ET
PROCVREVR GENERAL
au Parlement de Paris.

ONSEIGNEVR,

Ie n'ay pas aſſez de vanité
pour eſperer que ces Fruits

CHAPITRE II
VAUX OU L'ÉCOLE DU GOÛT

Le goût pour les jardins fleuris où Abraham Bosse situe son allégorie de *L'Odorat* se manifeste jusque sur les pages du manuscrit d'*Adonis,* calligraphié par Nicolas Jarry pour le Surintendant Fouquet.

La première lyre d'Orphée

Durant ses années de joyeuse formation à l'écriture dont il ne subsiste guère de témoignage, La Fontaine a tout de même composé quelques pièces qui sont demeurées. En particulier, l'adaptation en français d'une comédie latine : *L'Eunuque*, d'après Térence, qu'il publie en 1654. Plus narrative que vraiment dramatique, encore un peu appliquée et passée à peu près inaperçue, cette œuvre de jeunesse laisse néanmoins deviner certaines inflexions majeures de son futur talent.

On y trouve, aux origines de l'invention, le choix de traduire et de transposer par une imitation fécondante une matière empruntée. L'aisance, ensuite, à conduire un récit fondé sur une intrigue complexe que le poète clarifie et tâche de développer avec une fermeté discrète. Le choix, enfin,

Cette gravure du XIXᵉ siècle qui représente devant sa table de travail un La Fontaine célèbre ne doit pas masquer que *L'Eunuque*, sa première œuvre imprimée, n'eut aucun écho malgré le choix de l'éditeur Augustin Courbé qui publiait les meilleurs poètes lyriques et dramatiques du temps : il avait édité *Le Cid*.

LEVNVQVE
COMEDIE.

A PARIS,
Chez AVGVSTIN COVRBE, au Palais, en
la Galerie des Merciers, à la Palme.
M. DC. LIV.
AVEC PRIVILEGE DV ROY.

d'une manière médiane, élégante et distancée, voilant les passages osés sans les désavouer.

En un mot, une esthétique du détour. Détour par l'adaptation d'un original ancien que l'on s'approprie et que l'on approprie au goût du jour. Détour par les dédales d'une intrigue ou d'un récit que l'on mène à son terme avec maîtrise. Détour d'un ton qui prend ses distances, badine et biaise, en jouant sur la feinte naïveté ou sur l'ellipse enjouée, jusqu'aux subtilités du contre-ton mesuré.

L'âge galant

Cette esthétique est celle du moment. Elle est baptisée «galante» par ceux qui, entre 1640 et 1660, suivent et prolongent l'exemple de ses premiers maîtres.

De ces pionniers admirés, on retenait surtout Jean-François Sarasin (1614-1654), expert en l'art souple de plaire avec tact ; et bien sûr l'aimable Vincent Voiture (1597-1648) : ce familier de l'Hôtel de Rambouillet en avait vingt années durant, entre 1626 et 1647, amusé les hôtes les plus choisis par ses badinages pétillants. Plus que personne, il s'entendait à composer avec virtuosité des riens à propos de rien, à fixer dans ses lettres vives et aisées les charmes éphémères des jeux et des conversations que l'on tenait dans la chambre bleue de la marquise de Rambouillet.

Dans les années 1650-1660, ce sont leurs cadets qui donnent le *la* du ton galant : notamment Paul Pellisson, grand «palatin» de la Table ronde, féal de mademoiselle de Scudéry, devenu depuis 1657 une façon de «secrétaire (d'Etat) à la culture» chez Fouquet et, par

Vincent Voiture (1597-1648), habile «carriériste», mêlé de tout, proche de Gaston d'Orléans et du grand Condé, fournit l'aristocratie la plus raffinée en modèles de conduite et d'écriture par ses vers badins et brillants, dans la lignée de Marot, et surtout par sa correspondance. Son style influença les générations galante puis classique. Madeleine de Scudéry (1607-1701) fondit dans la trame à tiroirs du roman-fleuve (*Cyrus* et *Clélie*) l'héritage de l'héroïsme généreux et galant avec les raffinements précieux de la conversation mondaine et de l'amour tendre dont elle dressa la «géographie» – la fameuse «carte de Tendre» (*Clélie*, t. II).

Ce *Paysage avec saint Matthieu et l'ange* de Poussin (1640) procède d'un «atticisme» pictural qui équilibre la matière du paysage et la spiritualité du sujet : le calme de l'eau et du ciel suggère une vision de paix et d'éternité, saisie d'un point de vue surplombant qui enveloppe le paysage idéalisé où se mêlent en un syncrétisme serein ruines païennes et motifs chrétiens. Un équilibre similaire entre l'intériorité du regard et l'élégance apprêtée de la parure et de la pose se dégage du portrait de Baldassare Castiglione (1478-1529) par son ami Raphaël (ci-dessous). Même effet de syncrétisme : fervent platonicien, Castiglione fut évêque d'Avila.

le fait, attributeur patenté des faveurs et des pensions du mécène aux gens de lettres.

A égale distance de la roideur un peu guindée de Malherbe et de la surabondance ornée de l'italien Marino, qui passaient pour avoir été les deux plus grands poètes européens du premier tiers du siècle, les écrivains galants recherchent un équilibre fait d'aisance et de grâce badines, une gaieté tempérée qui provoque un sourire délicat et tolère, cultive même des négligences voulues et maîtrisées. Cet idéal d'un «atticisme» à la française, renouvelant le modèle de perfection mesurée de l'ancienne Athènes, s'épurera et se charpentera tout au cours de cette décennie. S'en déduit peu à peu une esthétique de l'exacte appropriation, de la proportion harmonieuse et de l'équilibre relatif et fragile entre les contraires, vers quoi devait tendre la meilleure part du classicisme français dans la génération suivante, celle des années 1660-1680. Un classicisme tout de goût, d'intuition et de grâce, qui proscrira avec autant de vigueur les volutes évanescentes du maniérisme baroque que les froideurs rigides de l'académisme.

De la galanterie à l'«honnêteté»

Pour l'heure, la galanterie sociale et littéraire règne en l'hôtel de Narbonne, demeure parisienne de Fouquet, et

dans ses propriétés de Saint-Mandé puis de Vaux où il réunit autour de lui la fine fleur des arts et des lettres. Ses hôtes et son entourage y parfont une éthique et une esthétique de la conversation élégante qu'avait déjà codifiée l'Italie de la Renaissance, et qui était appelée à devenir le creuset d'une «honnêteté» à la française, dont le modèle, affiné durant toute la minorité de Louis XIV, s'affirmerait sous son règne personnel, à partir de 1661.

Le début du règne personnel de Louis XIV (ci-contre, par Le Brun) est marqué par une politique de prestige et un éclat intellectuel et esthétique convergeant autour du monarque adulé : la liberté d'esprit et de mœurs de la «jeune cour» masque en partie les tendances à la raideur absolutiste que génère son obsession de grandeur. La cour qui ne s'est pas encore exilée à Versailles demeure en symbiose parfaite avec le goût des salons privés parisiens (*Réunion galante* ci-dessous) dont elle va, à partir de 1660, «étatiser» le bel air et le bon ton tout en édictant les variations capricieuses de la mode.

Dans son traité intitulé *Il Cortegiano* («Le Courtisan», 1528), Baldassare Castiglione, amplement imité ensuite, avait été l'un des premiers à formuler les règles de ce savoir-vivre raffiné. Il en exposait les principes et les applications sous la forme assouplie

d'un dialogue à la façon de Platon, quoique de tournure toute mondaine. Le choix de la forme dialoguée, stylisation d'une conversation entre gens de vrai mérite et de belles manières, s'accordait à l'esprit de *sprezzatura* recommandé par ce législateur des belles mœurs. La *sprezzatura*, c'est cette désinvolture contrôlée, ornée, qui infléchit en spontanéité et en naturel apparents une étude et un contrôle de soi nécessaires à l'épanouissement du plaisir social et du mérite personnel.

La France du milieu du XVIIe siècle s'efforce de restaurer et de parfaire ce modèle, en conciliant sous le signe du bon goût les exigences philosophiques du culte de la Beauté et les

aspirations hédonistes à la plus exquise sociabilité. Ainsi s'accomplit dans les salons «galants» de Paris entre 1640 et 1660 la fusion entre une érudition discrète qui fuit toute marque de pédantisme et une mondanité qui tâche à se garder des mièvreries précieuses – périls croisés de la pesanteur et de l'inconsistance.

Montaigne déjà avait imprimé sa marque à cette naturalisation de l'idéal courtisan en terre gauloise, en esquissant la silhouette d'un honnête homme à la

Les *Précieuses ridicules* (1659) de Molière (à gauche, gravure de 1674) brocardent le ridicule des maladroits imitateurs du bon goût, lequel ne relève pas d'une législation normée, mais d'une souple adaptation aux situations et aux personnes.

française, plus rond de façons mais non moins subtil dans le fond que son *alter ego* italien. Molière devait en exposer et en éprouver bientôt les effets en brocardant les ridicules affectés et les raideurs pataudes des contemporains de Louis XIV, précieuses, fâcheux, bourgeois gentilshommes et femmes savantes.

La Fontaine, lui, saurait en recueillir l'esprit pour élaborer une littérature de la grâce et du badinage, laissant à peine deviner la profondeur inquiète des abîmes sous le miroitement des surfaces. Vaux, son palais et ses jardins auraient pu être l'écrin de ces purs bijoux de culture et de civilité. Mais ils devaient n'en recevoir que les prémices éphémères.

Les délicates miniatures de cet *Ovide moralisé* (ci-dessus) par Chrétien Le Gouais (XIVᵉ siècle) rappellent quel constant pouvoir de rêverie fantastique et d'incitation à la méditation morale recèlent *Les Métamorphoses*. Depuis les toutes premières années de notre ère, durant lesquelles elle fut composée, cette légende dorée brasse les récits de la mythologie en un flux poétique à la fois effervescent et secret.

Les amours d'Adonis

Avant même la signature du contrat de «pension», La Fontaine offrait à Fouquet en juin 1658 un *Adonis* imité d'une des *Métamorphoses* d'Ovide, qu'il définit comme une «idylle héroïque», genre intermédiaire oscillant entre la sublimité épique et la bergerie bucolique et familière. L'œuvre constitue un premier modèle assez accompli de cette esthétique mêlée, tempérée et comme décalée, dans laquelle il excellera.

Ainsi enveloppe-t-il le récit d'*Adonis* dans un jeu de multiples échos et contrepoints qui vont jusqu'à la dissonance expressive, quoique toujours assourdie pour ne pas heurter le goût. Une première partie du poème chante les plaintes amoureuses d'Adonis pleurant le départ de Vénus contrainte de retourner

aux cieux. Au terme du récit, c'est la déesse qui pleurera son amant disparu aux enfers où l'aura envoyé un sanglier monstrueux que le jeune héros avait affronté pour distraire, sinon guérir, sa souffrance. Le tableau héroïque de cette chasse, qui occupe le centre du texte, contraste à son tour avec cet encadrement élégiaque et idyllique. Autre forme de contrepoint, l'alternance entre les règnes terrestre et divin y est remplacée par celle des mondes humain et animal.

Le mythe d'Adonis prit naissance en Asie mineure. On raconte que la princesse assyrienne Myrrha, victime d'une vengeance de Vénus, s'était éprise de son propre père et était parvenue par ruse à concevoir un fils incestueux. Pour la soustraire au châtiment qui la menaçait, les dieux la métamorphosèrent en arbre à myrrhe. Fendant un jour le tronc de l'arbre, un sanglier donna vie à l'enfant : ainsi naquit Adonis. Vénus, séduite par sa beauté prometteuse, le confia à Perséphone, déesse des enfers. Mais celle-ci ne voulut pas le lui rendre : les deux déesses durent se partager le séjour et les charmes du héros. Un autre sanglier ne tarda pas à le leur ravir. Vénus le transfigura alors en anémone rouge – couleur de son sang versé. Ainsi la légende d'Adonis prend-elle rang parmi les mythes eschatologiques évoquant le passage entre le monde des vivants et des morts, sous le signe de l'amour interdit ou impossible. La tradition fut plutôt sensible au destin fauché du jeune chasseur amoureux : la gravure de Chauveau (éd. de 1671) témoigne de cette inflexion vers l'émotion.

Ce nouvel affrontement est lui-même redoublé comme en creux par celui des animaux domestiqués, les chiens de chasse, avec le monstre tout sauvage.

Adonis entre deux âges

Il y a bien quelque trace de baroquisme dans ces jeux d'encadrement ; même si la subtilité qui préside à leur traitement interdit toute exploitation tonitruante de leurs effets.

De fait, après s'être un temps voulu disciple de Malherbe, La Fontaine avait bien failli, dans les années précédant *Adonis*, sacrifier au «concettisme», c'est-à-dire à la virtuosité d'esprit et de forme pratiquée notamment par Marino. Cette esthétique sophistiquée «pensa [*faillit*] le gâter», avouera-t-il plus tard avec une frayeur rétrospective. Son *Adonis* reprenait le sujet qui avait naguère mis le grand Italien en faveur à Paris : quelque trente-cinq ans plus tôt, Marino avait dédié un *Adone* à la reine mère Marie de Médicis. La Fontaine aurait-il caressé le projet d'imiter cet original alors tant prisé ?

L'*Adonis* de notre poète est certes devenu tout autre au moment où le manuscrit, superbement calligraphié par Nicolas Jarry, en est offert à Fouquet. Moins orné, plus resserré, elliptique et suggestif, peut-être conserve-t-il néanmoins quelques souvenirs de son modèle italien finalement renié, en particulier dans la tapisserie grouillante que dessine la scène de chasse. Mais, chez La Fontaine, le récit est tissé d'un fil narratif qui signale un métier efficace et vigoureux,

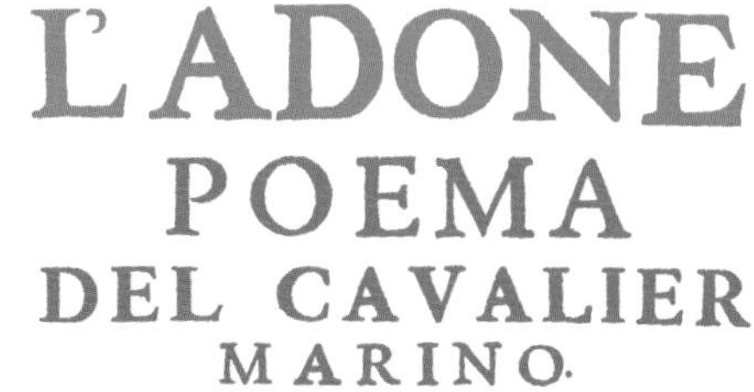

L'ADONE
POEMA
DEL CAVALIER
MARINO.

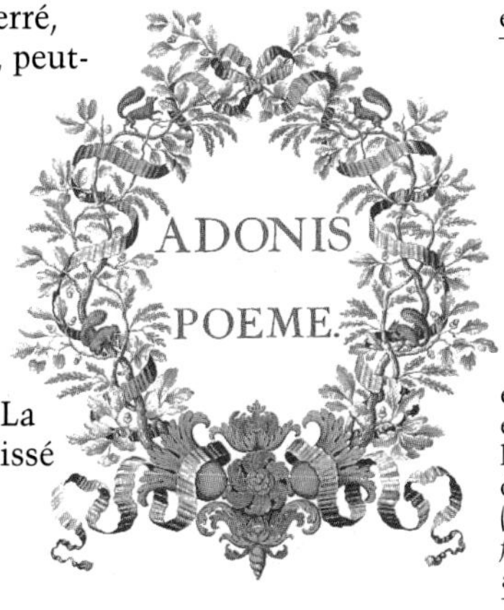

ADONIS
POEME.

déjà attentif à filtrer la matière et à émacier les silhouettes.

Et puis surtout, la peinture des amours entre Vénus et le héros, loin de ces fureurs, annonce le charme de certaines fables idylliques comme *Les Deux Pigeons* ou le roman galant des *Amours de Psyché* : on y rencontre déjà la nostalgie estompée et la mélancolie discrète d'une méditation sur le temps et sur l'absence, sur la mort, les eaux, les ruisseaux, le flux des jours et des pleurs, figures du changement, images de la métamorphose. Ainsi cette déploration de Vénus :

> «*Hélas ! j'ai beau crier : il est sourd à ma plainte.*
> *Une éternelle nuit l'oblige à me quitter ;*
> *Mes pleurs ni mes soupirs ne peuvent l'arrêter.*
> *Encor si je pouvais le suivre en ces lieux sombres !*
> *Que ne m'est-il permis d'errer parmi les ombres !*
> *Destins, si vous vouliez le voir si tôt périr,*
> *Fallait-il m'obliger à ne jamais mourir ?*
> *[...] Zéphyre en soupira ; le jour voila ses charmes ;*
> *D'un pas précipité sous les eaux il s'enfuit*
> *Et laissa dans ces lieux une profonde nuit.*»

Tout le poème est placé sous le signe de la métamorphose : de l'amour en mort, de l'épopée en idylle, du héros en demi-dieu adoré d'une déesse et de la déesse en femme éplorée frappée par un deuil, des chiens de chasse en combattants épiques et du monstre en allégorie de la Mort.

Les rêves d'Acante

Voisine de la métamorphose, c'est la figure du songe qui organise la mosaïque désunie mais suggestive des textes qu'à partir de 1659 La Fontaine consacre à une description du domaine de Vaux encore inachevé. Description nimbée de rêve : l'entreprise sollicite autant l'imagination du poète que son talent d'observation. De cette commande faite par Fouquet à son pensionné, nous est restée,

Inspiré par le néo-platonisme, *Le Songe de Poliphile* (à gauche, gravure de 1546) décrit une quête onirique et amoureuse dans un paysage semé de signes hermétiques. Cette initiation mène le rêveur à la vision de Vénus régnant sur les jardins de Cythère. La Fontaine s'en inspira pour *Le Songe de Vaux* et moins directement pour *Psyché*.

Les peintres italiens conviés en France par les rois Valois à la faveur des guerres d'Italie (1494-1529) révélèrent à un pays isolé et retardé par la guerre de Cent ans la Renaissance survenue dans la péninsule. Le Rosso et le Primatice imposent le maniérisme dans un foyer de renouveau pictural qui gravite autour du château de Fontainebleau qu'ils décorent. La communion entre les arts révélée par le néo-platonisme humaniste impulse leur conception hermétique de la peinture, où le raffinement sophistiqué des formes et des couleurs s'allie à la subtilité des allusions poétiques et philosophiques. Parmi les sujets des *Métamorphoses*, prisés pour leur saveur pittoresque et leur portée allégorique, le mythe d'Adonis sied à cette esthétique du mystère et du recueillement sensuel, qui voile de pénombre forestière les amours et la mort du chasseur mélancolique aimé d'une déesse.
Ci-dessus, *Vénus pleurant Adonis*, école de Fontainebleau, fin du XVIᵉ s.

sous le titre global de *Songe de Vaux*, une suite de miniatures allégoriques, mi-vers, mi-prose, dont le modèle littéraire est emprunté au *Songe de Poliphile* qu'avait composé l'humaniste italien Francesco Colonna (Venise, 1499).

Le *Songe de Vaux* substitue pourtant à l'hermétisme énigmatique de son devancier une plus souple esthétique de la conversation et de la narration. Les dialogues entre animaux muets – un saumon et un esturgeon – y jouent un rôle prophétique pour le futur fabuliste. De même, l'apparition périodique d'un porte-parole du narrateur baptisé Acante et présenté comme le songeur des spectacles décrits : La Fontaine devenu conteur recourra volontiers à ces interventions d'un prête-nom narratif. Elles favorisent à la fois la continuité du récit, sa connivence avec l'auditoire et une distance propice à des effets badins.

Ces anticipations ne sont pas fortuites : l'esprit de Vaux plane sur l'œuvre entier de La Fontaine. Tout son art participe du même génie de la mesure, de la même esthétique de l'enchantement, du même engouement pour les métamorphoses et de la même invite à la déambulation qui jaillissent à Vaux du rapport d'harmonie entre la maison et le jardin, du jeu des perspectives calculées, des lignes de fuite trompeuses et des points de vue changeants, de la magie des eaux en mouvement et de la nature assagie sans être brimée.

La cohorte des salons et des bosquets, mi-enfilade, mi-labyrinthe, procède d'une poétique implicite de l'espace et du temps dont l'équivalence littéraire se situe dans une esthétique de la promenade, tantôt nonchalante et étourdie, tantôt attentive et hâtée, à mi-chemin entre le lyrisme pur, qui ignore l'événement, et la narration circonstanciée, qui file droit au but, ponctuée d'étapes attendues.

Le paradis perdu

Un cruel réveil attendait le songeur et son protecteur : l'histoire a voulu que la transmutation de Vaux en songe poétique se parachève par la dissolution effective des illusions et des rêves de Fouquet. En septembre 1661, quelque temps après la fête donnée en son honneur par le brillant Surintendant, le jeune Louis XIV, offusqué ou prévenu contre lui, bien loin de le choisir pour principal ministre, le précipite dans la disgrâce puis dans la détention à vie. La Fontaine, lui,

> **❝**Comme les jardins de Vaux étaient tout nouveau plantés, je ne les pouvais décrire en cet état, à moins que je n'en donnasse une idée [...] qui, au bout de vingt ans, aurait été sans doute peu ressemblante. Il fallait donc prévenir le temps. Cela ne se pouvait faire que par trois moyens : l'enchantement, la prophétie, et le songe. [...] Je feins donc qu'en une nuit de printemps m'étant endormi, je m'imagine que je vais trouver le Sommeil, et le prie que par son moyen je puisse voir Vaux en songe. [...] A peine les songes ont commencé de me présenter Vaux que tout ce qui s'offre à mes sens me semble réel ; j'oublie le dieu du Sommeil, et les démons qui l'entourent ; j'oublie enfin que je songe. Les cours du château de Vaux me paraissent jonchées de fleurs **❞**
>
> *Le Songe de Vaux,*
> Avertissement

avait été enchanté par cette journée du 17 août 1661, durant laquelle Molière et sa troupe inventèrent le genre de la «comédie-ballet» en mêlant de danses et de musique la représentation comique des *Fâcheux*. Dans une lettre à son cher Maucroix, il loue non seulement les fastes de la réception, mais aussi le sens de l'harmonie et même de la mesure qui y avait discrètement présidé. Il salue surtout en son ami Molière un pair et compagnon en la matière :

«J'en suis ravi, car c'est mon homme.
[...] Nous avons changé de méthode :
*Jodelet [*farceur célèbre*] n'est plus à*
la mode,
Et maintenant il ne faut pas
Quitter la nature d'un pas.»

Ainsi l'esthétique classique du naturel et de la mesure émergeait-elle de l'idéal galant qui l'avait précédée et annoncée. Molière en traçait la voie ; et La Fontaine lui emboîtait le pas. Fouquet s'effaçait, mais non pas sa contribution indirecte à l'histoire des arts et des lettres.

On sait qu'avec quelques autres amis courageux du ministre déchu, comme Mme de Sévigné, l'ancien pensionné demeura fidèle à son mécène disparu. En témoigne l'*Elégie aux Nymphes de Vaux*, écrite en

Les splendeurs de Vaux, ses jardins (en bas), ses lambris décorés de l'écureuil (ci-dessus) et l'audacieuse devise tirée de cet animal grimpeur («Jusqu'où ne montera-t-il pas ?») aidèrent Colbert à précipiter la chute de celui dont il briguait la place. Condamné à la prison perpétuelle, Fouquet mourut à Pignerol en 1680, peut-être empoisonné.

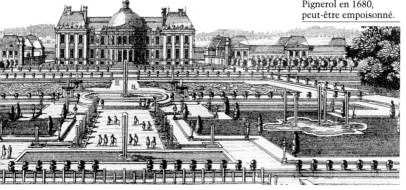

1662, en souvenir du paradis perdu. Pour La Fontaine, cette absence prit en août 1663 la forme d'un voyage de prudence sinon d'exil vers le Limousin, en compagnie de l'oncle Jannart.

La *Relation* de ce voyage nous est parvenue sous la forme de six lettres adressées à Mme de La Fontaine. Ce nouvel exercice de style et de goût galants, en prose mêlée de vers irréguliers, prend modèle sur d'autres itinéraires de ce même «tourisme», moins géographique

La destruction systématique des brouillons et l'usage de dicter les textes à des secrétaires nous privent souvent des témoignages directs de la plume des écrivains classiques. Réellement composées au cours de son voyage ou récrites après coup, les lettres de La Fontaine en route vers le Limousin nous font en tout cas

A Limoge ce 12 Septembre 1663

Je vous promis par le dernier ordinaire la description du château de Richelieu; assez legerement pour ne vous en point mentir, et sans considerer mon peu de memoire, ny la peine que cette entreprise me devoit donner.

échapper à cette fatalité. On regrette que celle du 12 septembre 1663 qui décrit le château de Richelieu en Touraine n'ait pas fait allusion à la peinture de Claude Deruet, *Les Quatre Éléments* (ci-dessus : *L'Eau*), malgré l'évidente dilection du poète pour le charme des eaux vives ou dormantes.

que rhétorique : le déplacement le plus intéressant consiste à y décaler le ton par rapport au sujet, à transposer une réalité triviale ou plate par l'allégorie, la métaphore ou seulement l'imagination narrative, à alléger la description par l'ellipse évocatrice ou à amplifier en anecdote une saynète à peine ébauchée dans la réalité, si même elle a réellement existé. Mais en même temps, un peu de l'air frais des provinces s'engouffre dans l'œuvre du poète qui aurait pu s'entêter des seuls parfums de la mondanité. La distance prise vis-à-vis d'une cour brillante mais trop policée pour ne pas menacer d'affadissement l'inspiration de sa lyre, lui permettra de tirer un parti nouveau, plus libre, plus insolent, du talent qu'il s'est découvert au cours de sa période «galante» : celui de narrer en vers, avec verve et couleur.

Des nymphes aux satyres : les premiers Contes

Entre la fin de 1664 et le début de 1666, alors qu'il est devenu gentilhomme servant de la duchesse douairière d'Orléans au palais du Luxembourg, paraissent, en plusieurs livraisons, la première et la deuxième partie des *Contes et nouvelles*, récits gaillards et colorés, imités pour la plupart de l'Arioste et de Boccace, mais égayés aussi par la verve de maître François Rabelais. En font les frais les épouses infidèles (*Joconde*), les maris cocus (*Le Cocu battu et content*), les commères matoises (*La Gageure des trois commères*) ou les religieux papelards (*L'Ermite*). La feinte naïveté du tour et l'archaïsme consenti

La grande Mademoiselle, fille de la première épouse de Gaston d'Orléans, partageait orageusement le palais du Luxembourg avec Marguerite de Lorraine (ci-dessus), seconde épouse du prince, que celui-ci avait épousée secrètement en 1632, et dont le mariage avait été juridiquement et théologiquement contesté. La Fontaine, lui, fut un gentilhomme servant on ne peut plus discret.

"[...] Et leurs propos s'allaient de plus en plus aigrir,
  Si le roi n'eût fait venir
Tout incontinent la belle.
  Ils lui dirent : Jugez-nous
  En lui contant leur querelle.
  Elle rougit, et se mit à genoux [...].**"**

«Joconde», *Contes et Nouvelles*, [ci-contre, gravure de Moreau, 1811]

du ton propres à l'ancien compagnon de la Table ronde y sont relevés par le sel, voire les épices, du badinage de Voiture et, avant lui, de Marot.

L'enjouement et le tour primesautier favorisent la connivence que noue avec ses auditeurs le conteur, observateur amusé des petites turpitudes et des grandes folies humaines qui lui arrachent ici ou là un commentaire de morale immorale. Evoque-t-il les maris fidèles ? Voici son grain de sel :

«Où sont-ils ces maris ? la race en est cessée :
Et même je ne sais si jamais on en vit.
L'histoire en cet endroit est selon ma pensée
*   Un peu sujette à contredit»*

(«La Coupe enchantée», recueil de 1671).

Cela dit, morale ou immorale, la visée du conte se ramène pour La Fontaine à plaire et toucher juste par le tour donné au récit : «Ce n'est ni le vrai ni le vraisemblable qui font la beauté et la grâce de ces choses-ci : c'est la manière de les conter» (Préface de 1666).

La matière et la manière

C'est pourquoi l'on fait sans doute fausse route en louant ses *Contes* pour leur audace libertine : les conteurs gaillards et paillards de la Renaissance avaient fait cent fois mieux en l'espèce. L'exploit et le charme des siens résident au contraire dans l'art de contourner, de frôler, de suggérer à mots couverts et complices, et de contrôler avec délices des incartades qui ne dérapent pas tout à fait. C'est dans cette virtuosité d'écriture que La Fontaine situe son ambition, pas dans l'anticipation des fureurs du désir sadien.

Il n'est que de lire, dans tel des *Nouveaux Contes* encore plus osés qu'il publiera en 1674, l'évocation du «je ne sais quoi» qu'un adolescent déguisé en jeune nonne

> **❝**Avec la permission de ceux qui mettent l'antiquité si au-dessus de notre siècle, nous dirons ici franchement qu'en ce genre de composition ni les Grecs ni les Romains n'ont rien produit qui soit de la force des *Contes* de M. de La Fontaine, et je ne sais comment nous ferions pour modérer les transports et les extases de MM. les Humanistes, s'ils avaient à commenter un ancien auteur qui eût déployé autant de finesse d'esprit, autant de beautés naturelles [...]. Si l'on joint à tout cela la matière même de ces *Contes*, on comprend aisément pourquoi les curieux en souhaitaient si ardemment une nouvelle édition.**❞**
> P. Bayle, à propos de l'édition d'Amsterdam, 1685

CONTES
DE MONSr.
DE LA
FONTAINE
enrichis de tailles douces
à AMSTERDAM
chés HENRY DESBORDES
1685

soustrait, à grand renfort de ligature, à l'inquisition des vieilles moniales enquêtant sur une grossesse survenue *intra muros* :

> *«Nécessité, mère de Stratagème,*
> *Lui fit... eh bien ! lui fit en ce moment*
> *Lier... : eh quoi ! foin, je suis court moi-même :*
> *Où prendre un mot qui dise honnêtement*
> *Ce que lia le père de l'enfant ?*
> *Comment trouver un détour suffisant*
>   *Pour cet endroit ?»*

(«Les Lunettes», recueil de 1674).

Le «détour» durera vingt-cinq vers. Tout le plaisir du conte est là, toute sa grâce : dans les méandres du récit, dans ses circonvolutions autour de l'objet du délit, non dans la trame ni le thème scabreux, plaisants sans doute, mais au fond convenus. Aux antipodes des *Fables* par leurs sujets, les *Contes* en laissaient déjà deviner le secret, celui d'un bonheur du tour et du détour, sans rien en eux qui pèse ou qui pose.

La Fontaine plaçait ses *Contes* dans le sillage des auteurs facétieux des XVe et XVIe siècles, Boccace, l'Arioste, Rabelais. Il imitait ainsi les poètes badins du milieu du XVIIe siècle, tel Voiture en qui «revit le caractère de Marot». La vogue de ces poèmes connut son apogée au XVIIIe siècle qui en multiplie les illustrations lestes et suggestives : ci-dessus, *Les Lunettes*, par Lancret ; pages suivantes, dessins de Fragonard. Quatre siècles de jouissance illicite s'y donnent ainsi un rendez-vous sensuel...

En mars 1668, La Fontaine a quarante-six ans. Il a déjà laissé courir quelques fables ésopiques mises en vers par lui; il va d'un coup en publier plus de cent vingt. Durant les vingt-cinq années suivantes, il en ajoutera autant. Le tout dépasse les dix mille vers. Désormais, comme le pommier produit des pommes, La Fontaine devenu «fablier» allait donner des fables, sans cesser ses incursions dans les genres les plus divers.

CHAPITRE III
L'ÉCOLE D'ÉSOPE : AU BONHEUR DES FABLES

La délicatesse des miniatures mogoles d'Imam Bakhsh Lahori (XIXe siècle) pour les *Fables* (ici, «Le Singe et le Léopard») témoigne de la notoriété universelle et rend justice à la grâce souveraine du génie de La Fontaine à son apogée (à gauche, portrait anonyme, XVIIe s.)

Le Lievre et la Tortuë.

Rien ne sert de courir, il faut partir a point.
Le Lievre et la Tortue en sont un témoignage
gageons, dit celle cy, que vous n'atteindrez point
Sitost que moy ce but. Sitost ? Estes vous sage ?
Repartit l'Animal leger.
Ma Commere, il vous faut purger
Avec quatre grains d'ellebore.

La fécondité du «fablier»

En mars 1668 paraissent dans un beau volume in-4°
illustré par François Chauveau cent vingt-quatre
apologues ésopiques mis en vers, répartis en six
livres, précédés d'une préface explicative et théorique,
d'une *Vie d'Esope* et d'une dédicace en vers au
Dauphin, fils de Louis XIV, qui proclament et
justifient l'annexion du genre à l'empire des Muses.
Le tour en est badin, faussement naïf et semé
d'archaïsmes délicieux; le ton en est agrémenté de
traits familiers, et la scène peuplée d'esquisses
savoureuses et animée de dialogues vifs et suggestifs.
La première fable de chaque livre présente, en général,
des réflexions esthétiques sur les questions soulevées
par cette transfiguration originale et audacieuse de
l'apologue prosaïque, narratif et didactique de la
tradition ésopique. Le recueil est conclu par un
Epilogue qui prend congé du genre.

L'ouvrage fut accueilli avec enthousiasme : en
témoignent les quarante réimpressions qu'il connut
du vivant de son auteur. C'est sans doute pourquoi,
trois ans plus tard, La Fontaine publie un ensemble de
Huit Fables nouvelles. Elles entreront, avec quelques
autres parues isolément par la suite, dans la livraison
de cinq livres supplémentaires en 1678 et 1679,

Plaidoyer pour la
vertu pédagogique
des *Fables* : «Dites à
un enfant que Crassus
allant contre les
Parthes s'engagea dans
leur pays sans
considérer comment
il en sortirait; que cela
le fit périr lui et son
armée, quelque effort
qu'il fit pour se retirer.
Dites au même enfant
que le Renard et le
Bouc descendirent au
fond d'un puits pour y
éteindre leur soif; que
le Renard en sortit
s'étant servi des
épaules et des cornes
de son camarade
comme d'une échelle;
au contraire le Bouc y
demeura pour n'avoir
pas eu tant de
prévoyance [...]. Je
demande lequel de ces
deux exemples fera le
plus d'impression sur
cet enfant» (Préface
de 1688). A droite, *Le
Corbeau et le Renard*
par Chauveau (1668).

regroupant quatre-vingt-sept apologues pour la plupart nouveaux. Et surtout renouvelés : la matière en est puisée à des sources encore inexploitées, orientales notamment; la manière, plus élégante et ornée, s'y accorde à une visée plus subtile et ambitieuse, qu'expose l'Avertissement initial et que justifie la dédicace à la très spirituelle maîtresse du roi, Mme de Montespan. Le prétexte de visée puérile que ménageait la dédicace du premier recueil au jeune Dauphin n'est plus de saison.

Dédié à Mme de Montespan, femme de grand goût et d'esprit acéré (ci-dessous), le recueil de 1678 substitue au souci pédagogique le plaisir lettré, et à la tradition ésopique l'inspiration orientale de Pilpay, brahmane légendaire (son *Livre des lumières* avait été traduit par Gaulmin en 1644) : «Voici un second recueil de fables que je présente au public; j'ai jugé à propos de donner à la plupart un air et un tour un peu différent de celui que j'ai donné aux premières […]. J'ai cherché d'autres enrichissements, et étendu davantage les circonstances de ces récits, qui d'ailleurs me semblaient le demander de la sorte.»

Peut-être décontenancé par cette évolution, peut-être au contraire blasé devant une prouesse dont le succès dix ans plus tôt avait bénéficié d'un effet de surprise, le public semble s'être montré peu sensible à ce nouveau recueil. Il est vrai que ses inflexions nuancées et ses ambitions morales ou philosophiques le rendaient plus difficile et exigeant que le précédent.

Par la suite, le fabuliste lira encore un apologue inédit, *Le Renard, le Loup et le Cheval*, lors de sa réception à l'Académie française en 1684. On retrouvera ce texte avec neuf autres fables nouvelles dans les

Ouvrages de prose et de poésie signés par lui et Maucroix en 1685. Ces dix pièces, additionnées de quelques autres apologues publiés dans le *Mercure galant* en 1690 et 1691, de contes parus également dans le volume de 1685, et de fables composées pour le nouveau Dauphin, fils du précédent, à la suggestion de Fénelon son précepteur, formeront un douzième livre assez disparate, publié à la fin de 1693. Douze livres de fables, comme les douze chants d'une épopée qui «chante les héros dont Esope est le père»!

Une «comédie à cent actes divers»

Leur quantité et la durée de leur publication ne suffisent pas à expliquer la diversité qui règne au sein de chaque livre des *Fables*, de chaque pièce même, jusqu'à la contradiction parfois. Ni l'impression de cohérence que dégage cet ensemble grouillant d'acteurs, de sujets, de thèmes, de formes narratives, ornementales, métriques, et de suggestions

Les *Fables* constituent une «anatomie» de l'homme placé au sein d'un réseau de parallèles, de correspondances et d'emboîtements qui visent à disséquer les mécanismes de sa nature. Le parallèle avec les animaux est alors essentiel : «Les propriétés des animaux et leurs divers caractères sont exprimés [dans les *Fables*]; par conséquent les nôtres aussi, car nous sommes l'abrégé de ce qu'il y a de bon et de mauvais dans les créatures irraisonnables. Quand Prométhée voulut former l'homme, il prit la qualité dominante de chaque bête. De ces pièces si différentes il composa notre espèce, il fit cet ouvrage qu'on appelle le petit monde [le microcosme]. Ainsi ces fables sont un tableau où chacun de nous se trouve dépeint» (Préface de 1668).

FABLE SECONDE.

Les Membres & l'Estomac.

JE devois par la Royauté
Avoir commencé mon Ouvrage.
A la voir d'un certain costé,
L'Esto-mac. * Messer Gaster en est l'image.
S'il a quelque besoin tout le corps s'en ressent.
De travailler pour luy les Membres se lassant,
Chacun d'eux resolut de vivre en Gentil-homme,

philosophiques, politiques, sociales, éthiques et esthétiques… Peut-être le secret de cette cohérence réside-t-il dans cette diversité même : c'est elle qui donne vie, couleur, naturel et vérité à cette image en miniature de la variété infinie du monde, des êtres et des choses.

Image en miniature? Illusion d'image plutôt. Car cette représentation n'a pas de modèle, ce réseau de signes ne renvoie à aucune réalité identifiable : dans quel espace pourraient bien se rencontrer ces animaux parlant à des hommes, ces dieux associés à des bêtes pour des voyages improbables dans un univers recomposé, pur jardin mental? Au surplus, la moralité qui, au terme de chaque récit ou presque, en décrypte la signification allégorique, se charge de dénoncer pour pure fiction la saynète qui vient de se jouer.

L'illusion n'en existe pas moins, elle s'impose, les acteurs crient de vérité avant même de crier leur vérité, la nature palpite, l'onde coule, le mal rôde et les silhouettes esquissées de la bête ou de l'homme s'animent. Tout cela grâce à la seule voix du conteur : son registre divers et pourtant constant crée un effet de cohérence polyphonique au sein de cette effervescence sonore, sa présence suggère le point

Le décryptage du caractère à partir de la physionomie avait dès l'Antiquité fait l'objet d'une «science» : la physiognomonie. Une de ses méthodes consistait à identifier dans chaque partie du visage ou du corps humain les signes analogues à ceux d'une espèce animale. Le caractère dominant reconnu à l'animal identifié était supposé appartenir à l'individu qui lui ressemblait. Les lettres et les arts s'en amusèrent. C'est peut-être La Rochefoucauld qui en suggéra à La Fontaine l'application aux *Fables*. Le Brun fit à l'Académie de peinture une conférence de physiognomonie comparée dont le bestiaire fantastique nous a été conservé : ci-dessous, trois hommes-hiboux.

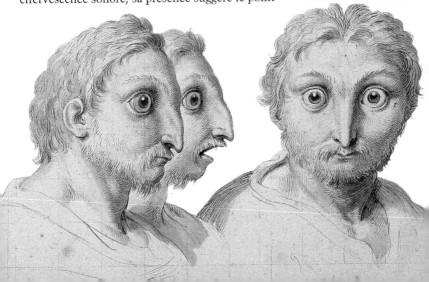

de vue à partir duquel les lignes disparates de l'anamorphose prennent sens. La dramaturgie des fables n'a que faire de décor ni même d'espace vraisemblables : le verbe suffit à y créer l'illusion de la chair, et la diversité des registres l'impression du chorus. Les fables exaltent le pouvoir d'illusion du conte.

De surcroît, cette illusion est capable, miracle propre aux grands poèmes, de délivrer un sens, une sagesse, une vision du monde. C'est où joue son plein rôle la révolution esthétique accomplie par La Fontaine fabuliste.

Les *Fables* de La Fontaine s'inscrivent dans une longue tradition de récits illustrés. Chaque époque, chaque illustrateur résout à sa manière les problèmes posés par le parallèle entre la narration, qui enchaîne plusieurs événements, et la figuration ponctuelle de l'un d'eux, arrêtée dans le temps mais étalée dans l'espace.

La révolution esthétique des «Fables»

Les recueils d'apologues humanistes que l'on connaît avant La Fontaine et ceux que l'on compose en son temps appartiennent à la rhétorique de collège, à l'écriture moraliste ou satirique, à la pratique du centon érudit (recueil de morceaux choisis) ou à la réflexion politique et sociale – pas à la poésie. Dans bien

des cas, les récits y sont contés sèchement, sans souci de pittoresque, mais encombrés dans un réseau indiscret de commentaires didactiques et d'applications universelles ou d'allusions ponctuelles à l'actualité qui en dissolvent la lisibilité. De son côté, la gravure – car le genre est obligatoirement illustré – absorbe tout le pittoresque latent du récit.

La Fontaine accomplit une double révolution par rapport à cette situation. Tout d'abord, il est revenu au modèle ésopique original : avant même de métamorphoser les fables en poèmes, il fallait renouer avec leur forme première, retrouver l'équilibre perdu et la nette articulation entre un pôle principal, fictif et allégorique, et un pôle mineur quoique décisif, celui du décryptage moral. A partir de là pouvait s'opérer la seconde révolution : la

métamorphose de ce conte moral pour enfants
en poème universel.

Le baptême des Muses

Versifié de manière plaisamment irrégulière, coloré
comme une enluminure et animé comme une
comédie, le récit, d'abord, se réapproprie tous les
pouvoirs de la gravure qu'il rend désormais inutile à
la délectation du lecteur. Voici deux lignes d'Esope :

L e *Renard et la
Cigogne* : Chauveau
choisit le plus piquant
des deux tableaux
successifs du récit – le
trompeur trompé (page
de gauche). C'est aussi
celui dont la fable tire
sa moralité. Son choix
est donc doublement
justifié : du point de vue
esthétique et éthique.

L'illustrateur de G.
Haudent (*Apologues
d'Esope traduits en
rime française*, 1547,
ci-dessus) combine
les deux situations en
une simultanéité
qui sacrifie la lettre du
récit à sa signification
morale. L'illustrateur
de la *Compilatio Ysopi*
(XIVe s., ci-contre)
s'inspire, lui, des scènes
à «compartiments»
du théâtre médiéval :
interprétation toute
dramaturgique
du texte.

«Deux Coqs se battaient pour des poules ; l'un mit l'autre en fuite. Alors le vaincu se retira dans un fourré où il se cacha» (Fables, XX). Et voilà la «version» de La Fontaine :

> *«Deux Coqs vivaient en paix ; une Poule survint,*
> *Et voilà la guerre allumée.*
> *Amour, tu perdis Troie ; et c'est de toi que vint*
> *Cette querelle envenimée,*
> *Où du sang des Dieux même on vit le Xanthe teint.*
> *Longtemps entre nos Coqs le combat se maintint*
> *Le bruit s'en répandit par tout le voisinage.*
> *La gent qui porte crête au spectacle accourut.*
> *Plus d'une Hélène au beau plumage*
> *Fut le prix du vainqueur ; le vaincu disparut.*
> *Il alla se cacher au fond de sa retraite,*
> *Pleura sa gloire et ses amours»*, etc.

(Fables, VII, 12).

Est-il besoin de commenter la richesse des effets et la vivacité expressive d'un récit à la fois érudit sans pose et savoureux par sa bonhomie narquoise ? Une morale, une philosophie même, se dégagent de cette somptueuse et spirituelle manière de conter : vibrant de vérité psychologique, parfois d'émotion, le récit s'approfondit en une méditation continue, sous-jacente sinon parallèle à la simple évocation des faits.

Quant aux moralités ésopiques, universelles, raides et sentencieuses, La Fontaine parvient à tirer de leur tonalité naïvement archaïque des charmes inattendus, une grâce et un sourire de connivence propres à réjouir le lecteur, en même temps qu'ils l'invitent à méditer sur la sagesse des nations, d'ailleurs souvent contradictoire et volontiers frileuse.

La «cour», haute et basse (ci-dessous, illustration originale pour «Les Deux Coqs», 1678) qui gravite dans les *Fables* autour du roi Lion, compte 125 sujets. Le plus souvent cité est le Loup, 26 fois mis en scène, suivi de près par le Renard (au centre : «Le Renard et le Buste» par Chauveau, 1668), qui compte 25 apparitions, et par le Chien, 24. Il n'est pas fortuit que ces trois espèces concentrent les émotions majeures du monde ancien face au règne animal : hantise ou connivence.

Récit et moralité jouent ainsi à échanger subtilement une partie de leurs rôles. Là où l'apologue ésopique opposait un pôle narratif à un pôle prescriptif, la fable de La Fontaine tend à la fusion de la fiction et de la vérité, de la forme et du sens : c'est ainsi qu'elle atteint à la poésie véritable, expression sensible et visionnaire d'une conception morale et intellectuelle du monde, sans distinction entre fond et forme.

Le «gai savoir» des «Fables»

Conséquence de cela : l'apologue de La Fontaine insinue tout au long du texte une sagesse plus finement nuancée que celle des maximes ésopiques, car jaillie également des deux composantes complémentaires du poème, comme une étincelle provoquée par leur confrontation. Si la moralité a toujours pour effet de déchiffrer le récit, le récit qui se charge d'en infuser lui aussi l'image et l'idée dans l'esprit des lecteurs déteint en quelque sorte sur elle. Sans rupture de climat ni souvent même de forme, récit et moralité projettent leur synthèse en une «leçon»

de sagesse supérieure, toujours lucide certes, mais infléchie tout de même par les forces du rêve qui hantent l'espace fictif du récit. Une leçon qui dès lors préfère décrire que prescrire, et faire l'anatomie des mœurs et des cœurs plutôt qu'elle ne prétend les guérir.

Les illustrations de cette double page reflètent les deux formes de parallèle entre règne animal et humain dont La Fontaine tire des effets à la fois pittoresques et philosophiques. Le combat des Coqs transpose dans la basse-cour les rivalités et l'étourderie humaines : la fable use ici de la peinture animalière comme d'une métaphore pour rabaisser les passions humaines et leur inanité ; l'allusion héroï-comique à l'*Iliade* enrichit et prolonge l'effet de cette comparaison péjorative. En revanche, le Renard monté sur ses pattes arrière pour juger en amateur éclairé d'un «Buste de héros... creux, et plus grand que nature» ne procède pas d'une simple transposition métaphorique.

Comme cette figure rhétorique nommée «métonymie», il participe à la fois des deux univers, celui de l'image animalière et celui du référent humain. La conclusion morale est pourtant similaire : «Belle tête, dit-il, mais de cervelle point» – autre cheminement, même issue.

Variations sur l'image

La fable animalière fascine les peintres par la grande diversité des choix qu'elle leur suggère pour traduire visuellement l'analogie entre bêtes et gens. En 1840, J.-J. Grandville (p. 60-61) décline toutes les formes du parallèle, de la simple posture des animaux sur deux pattes (*Le Renard et le Bouc*), en passant par une situation «sportive» (*Le Lièvre et la Tortue*), par leur travestissement plaisant (*Le Chat et le Renard*), jusqu'à la reproduction fidèle d'un intérieur bourgeois (*Le Chat, la Belette et le petit Lapin*). Moins pittoresque, plus suggestif, voire visionnaire, G. Moreau en 1884 (ci-contre) va d'un extrême à l'autre: il transpose en scène tout humaine les retrouvailles pathétiques des *Deux Pigeons*, dont les oiseaux ne font plus qu'orner le tableau romanesque; mais il traite en termes réalistes, purement animaliers, la fin des *Grenouilles qui demandent un roi*, saisies par le long bec d'une Grue campée sur ses longs pieds. Parmi les modernes, Chagall en 1927-1930 confie à l'alchimie des flous colorés et à l'organisation insolite de l'espace le soin de transposer l'audace pittoresque et la naïveté subtile du *Renard et les Raisins* et du *Chartier embourbé* (p. 64-65).

Ainsi, sous la contradiction apparente de ses énoncés explicites, tantôt révoltés, tantôt résignés, individualistes ou solidaires, rêveurs ou lucides, fous ou sages, la morale des *Fables* emprunte souvent au climat du récit sa plus profonde leçon : celle d'une gaieté volontaire qui prend la forme d'un consentement souriant du moraliste à la séduction du plaisir. Cela, malgré la noirceur du tableau esquissé par certaines narrations, et comme pour en compenser le pessimisme.

«*Et moi-même*», avoue le fabuliste dans un apologue au titre significatif, *Le Pouvoir des fables*, qui blâme l'étourderie puérile des hommes,

«*Au moment que je fais cette moralité,*
  Si Peau d'âne *m'était conté,*
J'y prendrais un plaisir extrême.
Le monde est vieux, dit-on; je le crois, cependant
Il le faut amuser encor comme un enfant»
(*Fables, VIII*, 4).

C'est ici l'expression d'une sagesse supérieure, méditative et désabusée : celle d'un «gai savoir» teinté d'épicurisme, souvent tempéré de nostalgie, pénétré de désillusion, travaillant à se détacher sans rancœur des turpitudes naturelles de l'espèce humaine, tout en accédant sans excès de rigueur aux désirs et aux plaisirs innocents de l'enfance.

Autour des «Fables» : contrastes et antithèses

Dans l'intervalle entre ses recueils d'apologues qui constituent désormais l'épine dorsale de son œuvre, La Fontaine se livre plus que jamais au jeu des échos, des variations et des contrepoints : le démon de la métamorphose n'est pas calmé, mais comme excité par la réussite des *Fables*.

Après la mort de la duchesse d'Orléans en 1672, le poète a trouvé refuge dans la maison de Mme de La Sablière, femme d'esprit séparée de son financier de mari, lui aussi enclin d'ailleurs à cultiver la muse. La Fontaine tient sa place dans le salon littéraire de la rue Neuve-des-Petits-Champs – mais non pas dans la chambre de la dame : leur relation est toute d'amitié, de tendre amitié. Elle durera sans rupture jusqu'à la mort de la protectrice en 1693, même si le gîte et le couvert laissent à désirer dans cette maison sans

Ce frontispice de l'édition des *Fables* illustrée par J.-B. Oudry (1755-1759) consacre l'apothéose de La Fontaine par le retournement de situation entre le fabuliste français et son modèle grec : Esope, ici au pied du buste de son émule, le désigne humblement à l'admiration et à la gratitude des animaux de la fable. Les artistes des Lumières, à qui la querelle entre Anciens et Modernes avait déjà fait soupçonner la supériorité du Grand Siècle sur l'Antiquité, venaient d'être confirmés dans ce sentiment par Voltaire (*Le Siècle de Louis XIV*, 1751). L'exemple de La Fontaine corroborait ce jugement : goûté par une société toute vouée désormais à l'élégance et à l'esprit, à laquelle il offrait de surcroît le miroir de ses hésitations entre l'hédonisme subtil (les *Fables*) et le libertinage piquant (les *Contes*), il semblait avoir «civilisé» le fruste Esope. Chamfort traduit cette impression dans son *Eloge de La Fontaine* (1774) : «D'autres auront atteint la perfection dans leur genre : le fabuliste aura élevé le sien jusqu'à lui.» Manière de dire, après Oudry, que la fable ésopique a tout juste droit de se tenir au bas du piédestal où trône le buste de La Fontaine.

grands moyens, où le fabuliste loge un temps dans une sorte de grenier dont il n'ose «par discrétion» demander que l'on répare l'un des «vieux châssis tout dénué[s] de papier» qui l'éclairent. La situation empirera d'ailleurs après le déménagement vers la rue Saint-Honoré (en 1680) consécutif à la conversion de Mme de La Sablière à la dévotion : le vieux poète n'aura pas même toujours du bois l'hiver pour chauffer l'appartement de l'entresol qu'il occupe.

Mais quel festin pour l'intelligence et le goût, en revanche, que le salon de la charmante Iris (c'est son nom de galanterie) où l'on parle de bagatelles comme de religion, de science, de philosophie ou de voyages! Ce qui n'empêche pas son volage protégé de fréquenter aussi des milieux et des dames de vertu moins réputée, quoique de grand charme : la duchesse de Bouillon, que son inconduite avait fait un temps enfermer au couvent de Montreuil sur ordre de Turenne son parent – elle déshonorait la famille, paraît-il. Ninon de Lenclos, courtisane raffinée dont le succès et le salon survécurent au dépeuplement de son alcôve qu'avaient fréquentée Sévigné, Condé ou La Rochefoucauld : elle mourut à quatre-vingt-dix ans, protégeant le jeune Voltaire, et encore très entourée – c'est dans son métier un exploit. La Champmeslé enfin, interprète favorite et favorite tout court de Jean Racine, qui tourne la tête aussi à notre bon Jean et lui fait trouver fade, écrit-il, «bois, champs, ruisseaux et Nymphes des prés» – c'est, dans son genre, un autre exploit.

A vant même le XVIIIe, le siècle de Louis XIV annonce la suprématie mondaine et intellectuelle que les femmes s'assurent par un salon où l'on cultive les lettres, les sciences et les arts, à l'instar de l'élégant *Concert* ci-dessus. Ces cercles raffinés offrent un éventail de toutes les nuances de galanterie, de la plus discrète, chez Mme de La Sablière (ci-contre) à la plus osée, chez Ninon de Lenclos (à droite).

Dans le salon de sa protectrice, La Fontaine put rencontrer les mathématiciens Sauval et Roberval, amis de l'hôtesse; le médecin Bernier, grand voyageur et zélateur de l'épicurisme moderne, disciple de Gassendi, comme son confrère Menjot, autre familier du cercle; La Fare, galant versificateur, avec qui elle noua une liaison célèbre – et bien d'autres. Ces esprits éclairés et policés débattent d'astronomie, de géographie ou de zoologie, se passionnent pour la question de l'intelligence animale ou de la validité des horoscopes. Le fabuliste fera son miel de ces controverses. C'est à Mᵐᵉ de La Sablière, surnommée Iris, qu'il adresse le *Discours* en vers publié à la fin du recueil des *Fables* de 1678 : il y plaide, contre Descartes et sa théorie de l'animal-machine, pour une forme d'intelligence et de sensibilité que le comportement de certaines espèces lui paraît accréditer.

Contrepoints esthétiques

Tant de diversité dans ses fréquentations correspond bien à la variété des registres auxquels le nouvel Orphée accorde alors sa lyre.

Entre le premier et le second recueil de ses *Fables*, son art évolue. Comme si l'alchimie des contraires dont est capable le genre souple et ductile de l'apologue poétique l'autorisait aux escapades esthétiques les plus contradictoires : tantôt du côté de la grivoiserie la plus insolente, dans ses *Nouveaux Contes* de 1674; tantôt du côté de l'austérité la plus chaste, dans cette enluminure naïve qu'est le poème de *La Captivité de Saint Malc* paru à peine un an auparavant.

Deux ans plus tôt, la troisième partie des *Contes* avait infléchi vers les douceurs du sentiment tendre la sensualité plus nerveuse des deux premières : variations au sein du genre et contrepoint de genre à genre.

Mais le contrepoint fondamental est évidemment celui qui oppose *Contes* et *Fables*. Et il n'est pas moral ni religieux : il est esthétique. Les fables délivrent une sagesse à la faveur d'une délectation enjouée de l'esprit et des sens; les contes délivrent de toute sagesse à la faveur d'une séduction rouée de l'esprit et des sens. Ce dialogue entre deux genres apparentés offre une leçon profonde sur les tensions et les tentations inhérentes à une philosophie du plaisir et à une esthétique du sourire, oscillant entre liberté et licence, entre délectation «inoffensive» de l'esprit et libération «tendancieuse» des pulsions, pour anticiper sur les qualificatifs dont usera un jour Freud.

Les échos ménagés de l'un à l'autre ouvrage ne relèvent pas seulement du goût de La Fontaine pour la virtuosité. Ces métamorphoses incessantes de son inspiration constituent sans doute la projection et la résolution en termes esthétiques d'un trouble intérieur induit par une discontinuité d'être, de désir et de volonté qu'on nommait alors, par étymologie, «in-quiétude». Le malaise qui l'accompagne ne s'appelait pas encore mal du siècle, nausée de l'âme ou neurasthénie, mais déjà «mélancolie».

Echos et variations : Psyché amoureuse, Psyché malheureuse

Cette mélancolie nimbe de lumière tamisée la gracieuse idylle de *Psyché* (1669), récit en prose mêlée

R ecueil de contes merveilleux et galants mêlés de peintures des mœurs réalistes, les *Métamorphoses* d'Apulée (IIᵉ s.) offraient à La Fontaine la version de *Psyché* qu'il suit : «Pour le principal point qui est la conduite, j'avais mon guide; il m'était impossible de m'égarer : Apulée me fournissait la matière; il ne restait que la forme, c'est-à-dire les paroles» (Préface).

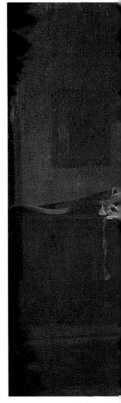

de vers, imité des *Métamorphoses* : non plus celles d'Ovide, mais d'Apulée. La tradition fabuleuse conte comment la belle Psyché, mariée à un monstre prétendu qui ne la visite que de nuit et qui est en réalité le dieu Amour, réussit à découvrir son identité et s'en trouve punie par les tribulations que lui inflige la jalouse Vénus, mère du dieu trahi. La Fontaine s'est si bien approprié ce récit merveilleux qu'il y a trouvé l'occasion d'opérer une sorte de synthèse entre ses principales œuvres antérieures.

D'abord, le jeu contrasté entre les effets contradictoires du désir – effroi, délectation, curiosité, déception, souffrance, rédemption – qui se succèdent dans le récit légendaire des *Amours de Psyché*,

Ce tableau de Simon Vouet figure le moment où sa curiosité conduit Psyché à découvrir, en dépit de son serment, l'identité du «monstre» qu'elle a épousé et auquel elle destine le poignard qu'elle tient. Allégorie de l'Ame que l'Amour perd et rachète (*psyché* signifie *âme* en grec), ou conte badin et galant sur la curiosité des filles? Cette ambiguïté de sens date (déjà) d'Apulée.

rappelle *Adonis*. De plus, le poète a enveloppé et entrecoupé ce récit par une conversation entre quatre amis se promenant dans les jardins de Versailles dont ils évoquent les beautés – souvenir du *Songe de Vaux*. Leur amical débat a également pour objet les questions esthétiques et, pour moindre part, morales, soulevées par le récit des mésaventures de Psyché que fait Poliphile, le narrateur, à ses trois compagnons. Ces jeux de variation et de transposition entre une allégorie mythologique et son décryptage critique évoquent, pour le coup, l'articulation des *Fables* entre récit et moralité. Cependant les interventions des amis, commentant le récit des mésaventures de Psyché, ressemblent aux intrusions du narrateur dans les *Contes*.

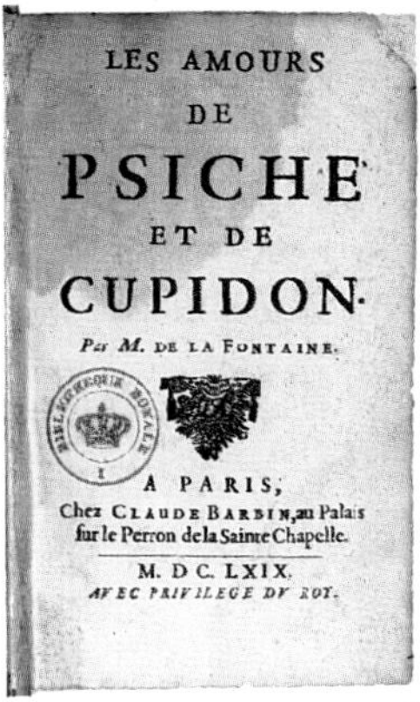

Enfin, cet élégant roman est placé tout entier sous le signe de la métamorphose : celle du monstre en mari invisible puis en dieu Amour interdit à la vue de son épouse; celle des palais de rêve et des jardins de songe où il a recueilli Psyché en prisons et chaumières situées dans des vallées de larmes; celle de la belle qui avait épousé un monstre en noiraude épouvantable qui n'ose plus se montrer à son mari beau comme un dieu, beau comme un amour. Une dernière métamorphose, celle de Psyché en déesse, mettra fin à cette cascade de transformations.

La plus magique de toutes demeure celle qu'accomplit La Fontaine enveloppant ce réseau de contrastes et de glissements de registres dans un récit fluide et translucide, harmonieux par ses dissonances mêmes.

Aureolé de la gloire toute récente des *Fables* dédiées au Dauphin, le poète, peint ci-dessous par Rigaud, futur portraitiste du roi, chante dans *Les Amours de Psyché* la gloire de Versailles, chantier favori de Louis XIV (page de gauche, la galerie des Antiques en 1688). Il en célèbre les eaux en des vers eux-mêmes ondoyants ou jaillissants :
«L'art en mille façons a su prodiguer l'eau : D'une table de jaspe un jet part en fusée, Puis en perles retombe, en vapeur, en rosée. L'effort impétueux dont il va s'élançant Fait frapper le lambris au cristal jaillissant.»

LES AMOURS
DE
PSICHÉ
ET DE
CUPIDON.
Par M. DE LA FONTAINE.

A PARIS,
Chez CLAUDE BARBIN, au Palais
sur le Perron de la Sainte Chapelle.
M. DC. LXIX.
AVEC PRIVILEGE DU ROY.

Son écriture atteint alors son point de perfection, peut-être parce que l'expérience poétique des *Fables* en a allégé et approfondi la grâce primesautière exercée par les *Contes*. Le véritable livret d'opéra réussi par

Le siège de Cambrai par Van der Meulen (1677) : hommage conventionnel au monarque conquérant.

La Fontaine n'est donc pas l'aimable mais un peu fade *Daphné* (1674) que Lully dédaigne en s'attirant les foudres du fabuliste qui compose contre lui le poème satirique *Le Florentin* : le seul opéra de La Fontaine, c'est *Psyché*, sur un livret d'Apulée revu par le poète et mis en musique par l'enchantement de son écriture, qui alterne avec un égal bonheur récitatifs de prose et arias de vers.

A S T R E E

TRAGEDIE.

ACTE PREMIER

Le Theatre represente le Païs du Fo-reft, arrofé de la Riviere du Lignon, fur le bords de laquelle font plufieurs Hameaux & Boccages.

La dernière lyre

Durant les quinze années qui lui restent à vivre, bien loin de réduire l'amplitude du balancier de ses contradictions, La Fontaine en accroît les écarts,

Romanesque par sa source, tragique par son genre, pastorale par son ton et musicale par son but, *L'Astrée* de La Fontaine embrasse trop pour bien étreindre.

comme mû par une force centrifuge. Il vise les grands genres, et s'essaie à deux reprises mais sans succès dans le tragique : d'abord avec un *Achille* inachevé (autour de 1680 et 1685 ?) ; puis avec une *Astrée*, en 1691, qu'il transpose de l'univers pastoral dans le registre tragique, pour fournir un livret au musicien Colasse : c'est un échec. La Fontaine n'avait pas eu plus de succès avec *Le Rendez-vous*, pièce en un acte créée au Théâtre français en 1683 et perdue. On a conservé en revanche deux actes achevés d'une *Galatée* mi-chantée mi-parlée (1682).

Le poète aspire au sublime sur scène, mais aussi aux honneurs à la ville. A chaque succès militaire de Louis XIV, il entonne un chant à la gloire des armes, alors qu'ailleurs son aspiration à la paix et son admiration pour l'Angleterre industrieuse et (provisoirement) pacifique avaient retenti d'accents plus authentiques (voir la fable *Un animal dans la lune*, VII, 17, 1678). Hélas, il ne retire de son élection mouvementée à l'Académie française (1683) que le dépit, d'abord, de voir sa réception suspendue par le

Après nombre d'essais, depuis la Renaissance, pour doter la France d'un spectacle total imité des Anciens, combinant poésie dramatique, musique, chant, chorégraphie, architecture et peinture, la «tragédie lyrique» mise au point par Lully en 1673 remporte tous les suffrages du public. La répartition entre chœurs, airs et danses, la clarté du récitatif épousant la ductilité du discours, la simplicité pompeuse de la trame et l'exaltation des passions, tout y plaît, même les livrets de Quinault, que personne en ceci n'égale – surtout pas La Fontaine. Ci-dessous, décor de Bérain pour *Atys* (1676).

roi jusqu'à l'élection de Boileau; puis l'occasion de se fâcher avec son vieil ami Furetière, coupable d'avoir produit un dictionnaire concurrent qui devance celui des académiciens.

Dans la querelle qui éclate à l'Académie entre les Anciens et les Modernes, La Fontaine prend le parti des premiers, sans désavouer sa dilection pour les conteurs italiens : c'est alors qu'il fait imprimer l'*Epître à Huet* (1687) sur ce sujet. Il n'en participe pas moins au mouvement des idées nouvelles et tente avec un bonheur mitigé de rimer les bienfaits médicaux du quinquina récemment découverts : la «poésie scientifique» à la façon de Lucrèce lui convient moins que la veine d'Ovide et surtout d'Esope.

Il sait bien qu'il ferait mieux de s'en tenir à la fable, mais ne se corrige pas pour autant de son humeur musarde :

> «*Désormais que ma Muse, aussi bien que mes jours,*
> *Touche de son déclin l'inévitable cours,*
> *[...] Je m'avoue, il est vrai, s'il faut parler ainsi*
> *Papillon du Parnasse, et semblable aux abeilles*

Ci-dessous, l'Académie présentant au roi son Dictionnaire, en 1694, deux ans après que Furetière, opposé aux choix trop puristes de ses confrères, eut publié le sien en vertu d'un privilège obtenu en 1685 qui lui avait valu d'être exclu de la docte assemblée fondée par Richelieu et protégée par le roi. Il fut plus aisé de chasser Furetière que d'accueillir La Fontaine : Louis XIV, peut-être mécontent qu'on eût préféré à Boileau, historiographe du règne, l'ancien féal de Fouquet pour occuper le fauteuil de Colbert, avait fait droit aux mécontents qui jugeaient La Fontaine les uns trop licencieux, les autres trop badin et «marotique». Le poète attendit six mois pour voir enfin «consommée son élection».

A qui le bon Platon compare nos merveilles.
Je suis chose légère, et vole à tout sujet;
Je vais de fleur en fleur et d'objet en objet.
[...] J'irais plus haut peut-être au temple de Mémoire
Si dans un genre seul j'avais usé mes jours;
Mais quoi! je suis volage en vers comme en amours»
(*Discours à Mme de La Sablière*, 1685).

On appréciera comme on voudra, dans cette optique, la composition du douzième livre des *Fables* : sa disparité révèle-t-elle que l'étoffe de l'inspiration laisse voir la trame et que le démon de la diversité entraîne le poète vers d'impossibles alliances? ou qu'il a trouvé dans l'apologue le genre idéal, le microcosme offert à son appétit de métamorphoses, capable d'accueillir toutes les autres formes, ouvert sur les modes les plus divers, narratif,

Les relations de La Fontaine avec les frères de Conti (ci-dessus François-Louis, prince de Conti depuis la mort de son aîné en 1685) et les frères de Vendôme sont anciennes, renforcées par ses liens avec la duchesse de Bouillon, leur parente. Celle-ci, exilée en Angleterre, entourée de Saint-Evremond, Bonrepaus et Barrillon, amis de La Fontaine, avait tenté de l'y attirer. Le poète préféra chercher à Paris la liberté d'esprit et de mœurs dans laquelle on vivait à Londres. Il la trouva dans le climat de plaisirs et de luxe qui contrebalançait, autour de Conti ou des Vendôme, l'austérité dévote qui s'était emparée de la cour et de la société parisienne sous la gouverne de Mme de Maintenon. Sa sensualité le porte alors vers les charmes (vénaux) des Chloris et des Jeanneton, «car les Clymènes/Aux vieilles gens sont inhumaines» (1689). Il songe moins alors à son salut qu'«aux Chloris, à Bacchus, à Apollon»!

épique, lyrique, comique, satirique, gnomique, idyllique?

En tout cas, un ultime revirement de sa vie vient faire écho à tous ceux de son œuvre. Il s'était mis sur ses vieux jours à hanter et à chanter en parasite sensuel les parties de fine débauche qui se tenaient dans l'entourage du prince de Conti et du duc de Vendôme, et consacra presque toute sa production, entre 1685 et 1691, à louer avec quelque flagornerie ses divers et indispensables protecteurs. Ainsi souhaitait-il mille prospérités au mariage de Conti, qui n'aimait pas les dames, et en épousait une, laquelle n'allait guère en souffrir, trouvant son bonheur ailleurs. Et il dédie *Philémon et Baucis*, éloge de la fidélité, à César de Vendôme qui, ruiné par ses débauches, les poursuivait en l'hôtel de son frère le prieur de Malte, dans le quartier du Temple.

Or voici qu'au début de 1693, cédant aux instances de ses amis, de son confesseur et de sa nouvelle hôtesse, Mme d'Hervart, qui l'a recueilli depuis la mort de Mme de La Sablière en janvier 1693, le poète fait acte de repentir public et renie ses *Contes* sur son lit de malade, devant une députation d'Académiciens. Remis de son mal, il trouvera la force et le temps non seulement de réunir le douzième livre des *Fables* déjà cité, mais aussi de rimer le *Dies Iræ* et d'entreprendre une traduction des *Hymnes* bibliques qui s'est perdue. Il meurt le 13 avril 1695. Sa toilette mortuaire révèle qu'il portait un cilice...

Le génie de la métamorphose

Enclin par intuition et par dilection à cette effervescence de l'image qu'est la

Ci-contre, *Philémon et Baucis* dédié au duc de Vendôme (1685). Et Françoise d'Hervart, «l'une des plus belles femmes que l'on ait jamais vues» (Mathieu Marais).

PHILEMON ET BAUCIS.

Sujet tiré des Metamorphoses d'Ovide.

Poëme dedié à Monseigneur le Duc de Vendôme.

NY l'or, ny la grandeur ne nous rendent heureux ;
Ces deux Divinitez n'accordent à nos vœux
Que des biens peu certains, qu'un plaisir peu tranquile,

métamorphose, La Fontaine travailla ce penchant sans répit au cours de sa carrière de poète imagier : tantôt pour transfigurer Vaux en songe, tantôt pour surimposer à ce songe l'image de Versailles à peine édifié; et de façon plus générale pour identifier le parc et le château de Fouquet, dont le souvenir se magnifiait en s'estompant, au jardin d'Epicure ou d'Esope et au palais de l'Amour, dont les bosquets sont de strophes. Il fit de son œuvre un verger de fruits d'or et de fleurs du bien dire, asile pour la conversation entre les Sages et les Muses, entre la morale et la fiction. Comme un jardin à la française, une page de La Fontaine, jardin des mystères orphiques, réalise dans un mouvement de perpétuelle métamorphose la même alliance raffinée et changeante entre la culture et la nature, l'artifice et la spontanéité, l'éphémère et l'absolu, la forme et le sens, la sagesse et le songe.

Tandis qu'Orphée charme ses auditeurs aux accents d'une lyre qui attendrira les Enfers, la mort rôde : le serpent mord Eurydice, les feux – sacrifices ou bûchers funéraires? – montent du château, et le fleuve accueille les corps dénudés des baigneurs, comme le Styx les âmes. Ce paysage arcadien de Poussin traversé par des signes de mort, métamorphose suprême, consone avec l'inquiétude voilée qui enveloppe la vie et l'œuvre de notre aimable fabuliste.

TÉMOIGNAGES
ET DOCUMENTS

O vous, nouvel Orphée, ô vous, de qui la veine
Peut charmer des Enfers la noire souveraine
Et le terrible dieu qu'on appelle Pluton,
    Tout-puissant La Fontaine...

Saint-Evremond

Il y a quelque chose d'insatiable dans la nature de l'artiste :
    il cherche, il cherche, et quoi donc ?
    Lui-même, sans doute. Un fantôme, une fleur.

Aragon

La Fontaine vu par ses pairs

« Mon principal but est toujours de plaire », avait écrit La Fontaine en préfaçant Psyché. *Il y parvint inégalement de son vivant, mais s'est rattrapé depuis devant ses pairs, les écrivains et les poètes, dont presque aucun ne lui ménage ses éloges. Certes Boileau, grand législateur du Parnasse, oublia l'apologue dans le florilège de son* Art poétique. *Les plâtres étaient trop frais sans doute. Mais depuis l'on s'est amendé : la fable aussi, la fable surtout, est couronnée de myrte. A part Rousseau, qui joue les naïfs courroucés en affectant de croire que les* Fables *s'adressent aux enfants, tout le monde fait chorus pour encenser le poète, même si personne ou presque n'ose prétendre avoir pénétré tous les secrets de son charme.*

Boileau lecteur de «Joconde»

Un certain Bouillon avait composé une version en vers de ce conte, plus fidèle à l'original italien que celle de La Fontaine. En 1655 la comparaison entre ces deux adaptations fit l'objet, jusque dans le Journal des Savants, *d'un débat public – et peut-être aussi d'un pari de cent pistoles qu'aurait engagées Saint-Gilles, ami de Bouillon et de Molière, contre la version de La Fontaine. On prête à Boileau la* Dissertation sur «Joconde» *qui fut alors publiée pour éclairer le jury. Celui-ci finit d'ailleurs par se récuser et rendit son argent au parieur.*

M. de La Fontaine a pris à la vérité son sujet d'Arioste; mais en même temps il s'est rendu maître de sa matière; ce n'est point une copie qu'il ait tirée un trait après l'autre sur l'original; c'est un original qu'il a formé sur l'idée qu'Arioste lui a fournie. C'est ainsi que Virgile a imité Homère; Térence, Ménandre; et le Tasse, Virgile. [...] Il [La Fontaine] a cru que, dans un

JOCONDE.

NOUVELLE

Tirée de l'Ariofte.

conte comme celui de *Joconde*, il ne fallait pas badiner sérieusement. Il rapporte, à la vérité, des aventures extravagantes; mais il les donne pour telles : partout il rit et il joue; et si le lecteur lui veut faire un procès sur le peu de vraisemblance qu'il y a aux choses qu'il raconte, il ne va pas, comme Arioste, les appuyer par des raisons forcées et plus absurdes encore que la chose même, mais il s'en sauve en riant et en se jouant du lecteur; qui est la route qu'on doit tenir en ces rencontres.

Boileau, *Dissertation sur* Joconde, 1669

La Fontaine d'après Racine, Racine d'après Boileau, Boileau d'après Brossette

Brossette qui recueillit les confidences de Boileau et édita ses œuvres en 1716 livre nombre d'anecdotes sur la vie intellectuelle au siècle de Louis XIV. Toutes ne sont pas à rejeter, même si en l'espèce la vigilance s'impose.

«M. Racine, racontait celui-ci [Boileau], s'entretenait un jour avec La Fontaine sur la puissance absolue des rois. La Fontaine, qui aimait l'indépendance et la liberté, ne pouvait s'accommoder de l'idée que M. Racine lui voulait donner de cette puissance absolue et indéfinie. M. Racine s'appuyait sur l'Ecriture qui parle du choix que le peuple juif voulut faire d'un roi en la personne de Saül, et de l'autorité que ce roi avait sur son peuple. "Mais, répliqua La Fontaine, si les rois sont maîtres de nos biens, de nos vies et de tout, il faut qu'ils aient droit de nous regarder comme des fourmis à leur égard, et je me rends si vous me faites voir que cela soit autorisé par l'Ecriture. – Hé quoi! dit M. Racine, vous ne savez donc pas ce passage de l'Ecriture : *Tanquam formicæ deambulabitis coram*

rege vostro?" Ce passage était de son invention, car il n'est point dans l'Ecriture; mais il le fit pour se moquer de La Fontaine, qui le crut bonnement.»

Cette anecdote nous peint assez bien, d'une part, les sentiments naturels de La Fontaine, et de l'autre, sa facilité dans la discussion; quand il avait exprimé en poésie ce qu'il pensait, ce qu'il avait de plus cher, il se souciait assez peu de le maintenir en prose devant les gens qui voulaient le contredire. De tout ce qu'il a mis dans ses vers contre les monarques et les lions, on aurait bien tort d'ailleurs de conclure que La Fontaine eût un parti pris et qu'il fût hostile à rien. Cette manière de l'entendre est étroite et bien peu poétique; et si, parlant auprès des grands et des puissants, il ne retenait pas la leçon qui lui échappait sur eux, il songeait certes encore moins à flatter le peuple, ce peuple d'Athènes qu'il appelle quelque part *l'animal aux têtes frivoles.*

Brossette d'après Sainte-Beuve, *Causeries du lundi*, tome VIII

Molière lecteur des «Fables»

Fable et enfance s'associent naturellement dans cet hommage indirect de Molière à son ami La Fontaine.

LOUISON
Je vous dirai, si vous voulez, pour vous désennuyer, le conte de *Peau d'Ane*, ou bien la fable du *Corbeau et du Renard*, qu'on m'a apprise depuis peu.

Molière, *Le Malade imaginaire*, 1673, acte II, scène 8

Furetière ou l'hommage nuancé d'un rival

Furetière s'inscrit parmi les émules de La Fontaine qu'a suscités le succès de la

première livraison des Fables. *Manque de talent véritable ou impossibilité de suivre l'initiateur sur son terrain sans le pasticher ? La Fontaine resta en tout cas le seul véritable fabuliste de son temps, et ses imitateurs ne sont pas parvenus à devenir ses rivaux : trop bien servi par son premier et unique maître, le genre de l'apologue poétique ne fit pas école.*

Certes il n'y a personne qui leur ait fait plus d'honneur [aux fables anciennes] que Monsieur de La Fontaine, par la nouvelle et excellente traduction qu'il en a faite, dont le style naïf et marotique est tout à fait inimitable et ajoute de grandes beautés aux originaux. La France lui a encore cette obligation d'avoir non seulement choisi les meilleures fables d'Esope et de Phèdre, mais encore d'avoir ramassé celles qui étaient éparses dans les écrits des anciens poètes et orateurs, ou qui nous sont venues par tradition, et celles qu'il a pu trouver dans les auteurs anciens, italiens et espagnols. Ce qui est étrange, c'est qu'avec tous ses soins, à peine en a-t-il pu trouver cent ou six vingts qui composent son recueil qui méritassent d'être conservées. Encore y en a-t-il beaucoup qui languiraient, s'il n'en avait relevé le sujet par la beauté de son style et ses heureuses expressions.

Furetière, *Fables morales et nouvelles*, 1671, «Au lecteur»

Mme de Sévigné : éloge du conteur de fables

La spirituelle marquise resta fidèle toute sa vie à Corneille, à Fouquet et à La Fontaine qui, à des titres divers, avaient enchanté son esprit. Elle use librement, comme en toutes choses, de l'œuvre du fablier, la cite exactement ou approximativement, la tronque, l'insère dans sa conversation épistolaire, la fait

sienne et s'y réfère avec une familiarité qui signale un commerce de goût et d'habitude avec les Fables.

Mais n'avez-vous pas trouvé jolies les cinq ou six fables de La Fontaine, qui sont dans un des tomes que je vous ai envoyés? Nous en étions l'autre jour ravis chez M. de La Rochefoucauld. Nous apprîmes par cœur celle du *Singe et du Rat* :
> *D'animaux malfaisants c'était un*
> *très bon plat; [etc.]*
Et le reste. Cela est peint; et la Citrouille [*Le Gland et la Citrouille*], et le Rossignol [*Le Milan et le Rossignol*], cela est digne du premier tome. Je suis bien folle de vous écrire de telles bagatelles : c'est le loisir de Livry qui vous tue.
Mme de Sévigné, *Lettres*, 29 avril 1671

Ne jetez pas si loin les livres de La Fontaine. Il y a des fables qui vous raviront, et des contes qui vous charmeront : la fin des *Oies de Frère Philippe*, *Les Rémois*, *Le Petit Chien*, tout cela est très joli; il n'y a que ce qui n'est point de ce style qui est plat. Je voudrais faire une fable qui lui fît entendre combien cela est misérable de forcer son esprit à sortir de son genre, et combien la folie de vouloir chanter sur tous les tons fait une mauvaise musique. Il ne faut point qu'il sorte du talent qu'il a de conter.
Mme de Sévigné, *Lettres*, 6 mai 1671

La Bruyère ou le caractère de La Fontaine

Premières variations paradoxales sur l'homme et l'œuvre, ou le «Contre Sainte-Beuve» de l'auteur des Caractères.

Un homme paraît grossier, lourd, stupide; il ne sait pas parler, ni raconter

*L*es Oies de Frère Philippe.

ce qu'il vient de voir : s'il se met à écrire, c'est le modèle des bons contes ; il fait parler les animaux, les arbres, les pierres, tout ce qui ne parle point : ce n'est que légèreté, qu'élégance, que beau naturel, et que délicatesse dans ses ouvrages.

La Bruyère, *Les Caractères*,
6e édition, 1691

Un autre, plus égal que Marot et plus poète que Voiture, a le jeu, le tour et la naïveté de tous les deux ; il instruit en badinant, persuade aux hommes la vertu par l'organe des bêtes, élève les petits sujets jusqu'au sublime : homme unique dans son genre d'écrire ; toujours original, soit qu'il invente, soit qu'il traduise ; qui a été au-delà de ses modèles, modèle lui-même difficile à imiter.

La Bruyère, *Discours de réception
à l'Académie française*, 1693

Perrault : l'originalité absolue de La Fontaine

Le champion des Modernes annexe à sa cause un illustre partisan des Anciens.

Ces vers se ressentaient, comme la plupart de ceux qu'il a faits depuis, de la lecture de Rabelais et de Marot, qu'il aimait et qu'il estimait infiniment. Le talent merveilleux que la Nature lui donna n'a pas été inférieur à celui de ces deux auteurs, et lui a fait produire des ouvrages d'un agrément incomparable. Il s'y rencontre une simplicité ingénieuse, une naïveté spirituelle, et une plaisanterie originale qui, n'ayant jamais rien de froid, cause une surprise toujours nouvelle. Ces qualités si délicates, si faciles à dégénérer en mal et à faire un effet tout contraire à celui que l'auteur en attend, ont plu à tout le monde, aux sérieux, aux enjoués, aux cavaliers,

CHANTEZ·MOI ÇA, ~PÉTITS, ENFANTS!

LE RENARD ET LE BOUC
(Air de la palice)

aux dames et aux vieillards, de même qu'aux enfants.

Jamais personne n'a mieux mérité d'être regardé comme original et comme le premier en son espèce. Non seulement il a inventé le genre de poésie où il s'est appliqué, mais il l'a porté à sa dernière perfection; de sorte qu'il est le premier, et pour l'avoir inventé, et pour y avoir tellement excellé que personne ne pourra jamais avoir que la seconde place dans ce genre d'écrire. Les bonnes choses qu'il faisait lui coûtaient peu, parce qu'elles coulaient de source, et qu'il ne faisait presque autre chose que d'exprimer naturellement ses propres pensées, et se peindre lui-même. [...]

Il a composé de petits poèmes épiques, où les beautés de la plus grande poésie se rencontrent et qui auraient pu suffire à le rendre célèbre; mais il doit son principal mérite et sa grande réputation à ses poésies simples et naturelles. Son plus bel ouvrage et qui vivra éternellement, c'est son recueil des *Fables* d'E sope qu'il a traduites ou paraphrasées. Il a joint au bon sens d'E sope des ornements de son invention si convenables, si judicieux et si réjouissants en même temps, qu'il est malaisé de faire une lecture plus utile et plus agréable tout ensemble. Il n'inventait pas les fables, mais il les choisissait bien, et les rendait presque toujours meilleures qu'elles n'étaient. Ses *Contes* qui sont la plupart de petites nouvelles en vers sont de la même force, et l'on ne pourrait en faire trop d'estime s'il n'y entrait point presque partout trop de licence contre la pureté; les images de l'amour y sont si vives qu'il y a peu de lectures plus dangereuses pour la jeunesse, quoique personne n'ait jamais parlé plus honnêtement des choses déshonnêtes.

Charles Perrault, *Les Hommes illustres*, 1696

Vauvenargues : La Fontaine ou la grâce du bon sens

L'alchimie de la grâce et de la raison : Vauvenargues transpose La Fontaine en homme des Lumières sans le trahir. C'est où se reconnaît le génie de l'empathie véritable.

Il serait superflu de s'arrêter à louer l'harmonie variée et légère de ses vers, la grâce, le tour, l'élégance, les charmes naïfs de son style et de son badinage. Je remarquerai seulement que le bon sens et la simplicité sont les caractères dominants de ses écrits. Il est bon d'opposer un tel exemple à ceux qui cherchent la grâce et le brillant hors de la raison et de la nature. La simplicité de La Fontaine donne de la grâce à son bon sens, et son bon sens rend sa simplicité piquante : de sorte que le brillant de ses ouvrages naît peut-être essentiellement de ces deux sources réunies.

Vauvenargues, *Réflexions sur quelques poètes*, 1746

Quelques réserves de Voltaire

Un jugement tout en nuances et non sans réticences : deux hommes d'esprit ne s'entendent jamais bien si leur esprit ne procède pas du même filon. Voltaire prend la bonhomie de La Fontaine pour de l'épaisseur et de la maladresse, et lui reproche de n'avoir «jamais rien inventé». C'est l'éternel débat de l'ingénieur et de l'artisan.

Dans la plupart de ses fables il est infiniment au-dessus de tous ceux qui ont écrit avant et après lui, en quelque langue que ce puisse être. Dans les contes qu'il a imités de l'Arioste, il n'a pas son élégance et sa pureté; il n'est pas, à beaucoup près, si grand peintre; et c'est ce que Boileau n'a pas aperçu dans sa dissertation sur *Joconde*, parce que Despréaux ne savait presque pas l'italien. Mais dans les contes puisés chez Boccace, La Fontaine lui est bien supérieur, parce qu'il a beaucoup plus d'esprit, de grâces, de finesse. Boccace n'a d'autre mérite que la naïveté, la clarté, et l'exactitude dans le langage. Il a fixé sa langue, et La Fontaine a souvent corrompu la sienne.

Il faut que les jeunes gens, et surtout ceux qui dirigent leurs lectures, prennent bien garde à ne pas confondre avec son beau naturel le familier, le bas, le négligé, le trivial; défauts dans lesquels il tombe trop souvent. [...]

Distinguons bien ces négligences, ces puérilités, qui sont en très grand nombre, des traits admirables de ce charmant auteur, qui sont en plus grand nombre encore.

Quel est donc le pouvoir des vers naturels, puisque, par ce seul charme, La Fontaine, avec de grandes négligences, a une réputation si universelle et si méritée, sans avoir jamais rien inventé! Mais aussi quel mérite dans les anciens Asiatiques, inventeurs de ces fables connues dans toute la terre habitable!

Voltaire, *Le Siècle de Louis XIV*, 1751

Rousseau prive Emile des «Fables»

La célébrité du texte ne doit pas cacher que ce procès de la forme et du fond des Fables *comme instrument pédagogique constitue un éloge en creux de leur subtilité et de leur richesse de signification réservée aux adultes éclairés.*

Emile n'apprendra jamais rien par cœur, pas même des fables, pas même celles de La Fontaine, toutes naïves, toutes charmantes qu'elles sont; car les mots des fables ne sont pas plus les fables que les mots de l'histoire ne sont l'histoire. Comment peut-on s'aveugler assez pour appeler les fables la morale des enfants, sans songer que l'apologue, en les amusant, les abuse; que, séduits par le mensonge, ils laissent échapper la vérité, et que ce qu'on fait pour leur rendre l'instruction agréable les empêche d'en profiter? Les fables peuvent instruire les hommes; mais il faut dire la vérité nue aux enfants : sitôt qu'on la couvre d'un voile, ils ne se donnent plus la peine de le lever.

On fait apprendre les fables de La Fontaine à tous les enfants, et il n'y en a pas un seul qui les entende. Quand ils les entendraient, ce serait encore pis; car la morale en est tellement mêlée et si disproportionnée à leur âge, qu'elle les porterait plus au vice qu'à la vertu. Ce sont encore là, direz-vous, des paradoxes. Soit; mais voyons si ce sont des vérités.

Je dis qu'un enfant n'entend point les fables qu'on lui fait apprendre, parce que quelque effort qu'on fasse pour les rendre simples, l'instruction qu'on en veut tirer force d'y faire entrer des idées qu'il ne peut saisir, et que le tour même de la poésie, en les lui rendant plus faciles à retenir, les lui rend plus difficiles à concevoir, en sorte qu'on achète l'agrément aux dépens de la clarté [...]

LE CORBEAU ET LE RENARD
Fable
Maître corbeau, sur un arbre perché,

Maître! que signifie ce mot en lui-même? que signifie-t-il au-devant d'un nom propre? quel sens a-t-il dans cette occasion?

Qu'est-ce qu'un corbeau?

Qu'est-ce qu'*un arbre perché*? L'on ne dit pas *sur un arbre perché*, l'on dit *perché sur un arbre*. Par conséquent il faut parler des inversions de la poésie, il faut dire ce que c'est que prose et que vers.

Tenait dans son bec un fromage.

Quel fromage? était-ce un fromage de Suisse, de Brie ou de Hollande? Si l'enfant n'a point vu de corbeaux, que gagnez-vous à lui en parler? s'il en a vu, comment concevra-t-il qu'ils tiennent un fromage à leur bec? Faisons toujours des images d'après nature. [...]

Suivez les enfants apprenant leurs fables, et vous verrez que, quand ils sont en état d'en faire l'application, ils en font presque toujours une contraire à l'intention de l'auteur, et qu'au lieu de s'observer sur le défaut dont on les veut guérir ou préserver, ils penchent à aimer le vice avec lequel on tire parti des défauts des autres. Dans la fable précédente, les enfants se moquent du corbeau, mais ils s'affectionnent tous au renard; dans la fable qui suit, vous croyez leur donner la cigale pour exemple; et point du tout, c'est la fourmi qu'ils choisiront. On n'aime point à s'humilier : ils prendront toujours le beau rôle; c'est le choix de l'amour-propre, c'est un choix très naturel. Or, quelle horrible leçon pour l'enfance! Le plus odieux de tous les monstres serait un enfant avare et dur, qui saurait ce qu'on lui demande et ce qu'il refuse. La fourmi fait plus encore, elle lui apprend à railler dans ses refus. [...]

Composons, monsieur de La Fontaine. Je promets, quant à moi, de vous lire avec choix, de vous aimer, de m'instruire dans vos fables; car j'espère ne pas me tromper sur leur objet; mais, pour mon élève, permettez que je ne lui en laisse pas étudier une seule jusqu'à ce que vous m'ayez prouvé qu'il est bon pour lui d'apprendre des choses dont il ne comprendra pas le quart; que, dans celles qu'il pourra comprendre, il ne prendra jamais le change, et qu'au lieu de se corriger sur la dupe, il ne se formera pas sur le fripon.

Rousseau, *Emile*, 1762

Parallèle entre Molière et La Fontaine par Chamfort

Chamfort reçut pour cet Eloge de La Fontaine *plein de fins aperçus et de variations subtiles le prix de l'Académie de Marseille en 1774. Cinq ans plus tôt, son* Eloge de Molière *avait été couronné par l'Académie française. Le parallèle qu'il esquisse entre les deux poètes ne surprend donc pas.*

L'un rend les grands traits avec une force qui le montre comme supérieur aux nuances, l'autre saisit les nuances avec une sagacité qui suppose la science des grands traits. Le poète comique semble s'être plus attaché aux ridicules, et a peint quelquefois les formes passagères de la société; le fabuliste semble s'adresser davantage aux vices, et a peint une nature encore plus générale. Le premier me fait rire de mon voisin; le second me ramène plus à moi-même. Celui-ci me venge davantage des sottises d'autrui; celui-là me fait mieux songer aux miennes. L'un semble avoir vu les ridicules comme un défaut de bienséance, choquant pour la société; l'autre, avoir vu les vices comme un défaut de raison, fâcheux pour nous-mêmes. Après la lecture du premier, je crains l'opinion publique, après la lecture du second, je crains ma conscience. Enfin l'homme corrigé par Molière, cessant d'être ridicule, pourrait demeurer vicieux; corrigé par La Fontaine, il ne serait plus ni vicieux ni ridicule : il serait raisonnable et bon, et nous nous trouverions vertueux comme La Fontaine était philosophe sans le savoir.

Chamfort, *Eloge de La Fontaine*, 1774

Marmontel : La Fontaine ou l'art de l'à-propos

Marmontel met ici l'accent sur un trait essentiel de l'esthétique classique et de la poésie de La Fontaine en particulier : le talent de l'appropriation exacte entre le sujet, le tour, le ton et l'effet.

La Fontaine a toujours le style de la chose… Ce n'est jamais la qualité des personnages qui le décide. Jupiter n'est qu'un homme dans les choses familières; le moucheron est un héros lorsqu'il combat le lion : rien de plus philosophique et en même temps rien de plus naïf que ces contrastes. La Fontaine est peut-être celui de tous les poètes qui passe d'un extrême à l'autre avec le plus de justesse et de rapidité… Il n'est jamais

contraint ni dans le style familier ni dans le haut style… En lui chaque idée réveille soudain l'image et le sentiment qui lui est propre; on peut le voir dans ses peintures, dans son dialogue, dans ses harangues.

Marmontel, *Eléments de littérature*, 1787

Aperçus incisifs (Joubert)

Les Carnets *de Joubert ne furent réunis et publiés que fort longtemps après sa mort. Leur tournure à l'emporte-pièce ajoute à l'acuité du jugement une fulgurance d'écriture qui convainc tout en laissant beaucoup à penser. Ainsi son parallèle entre Esope, Phèdre et La Fontaine.*

21 novembre 1805. – Juste étendue. La Fontaine l'a dans ses *Fables*. Esope ne l'a pas, ni Phèdre. On trouve dans ces trois auteurs les trois opérations du peintre. Dans Esope, le croquis; dans Phèdre, le dessin arrêté (et lavé); dans La Fontaine le tableau.

Joubert, *Carnets*, 1805 [1938]

Le dieu de M. de Chateaubriand

Si la lettre à Feuillet de Conches n'est pas un faux par lequel ce collectionneur du XIXe *siècle aurait cherché à accroître ses trésors, elle confirme maints passages des écrits de Chateaubriand où l'éloge de La Fontaine et de Molière surprend ceux seulement qui prendraient encore l'auteur des* Mémoires d'outre-tombe *pour un agélaste guindé dans sa morgue hautaine.*

Les fables de Jean sont de deux espèces : les unes offrent la *comédie* de mœurs des animaux : le Lion, l'Ours, le Loup, le Renard, l'Ane, le Cheval, le Chat, le Coq, le Hibou, le Rat, etc. sont des personnages vivants peints bien autrement que par les naturalistes. Les autres fables sont ce que j'appelle les grandes fables : dans *Le Chêne et le Roseau*, dans *L'Homme et la Couleuvre*, dans *Le Vieillard et les trois jeunes Hommes*, il s'élève à la plus haute poésie et rivalise avec les plus grands poètes anciens et modernes.

Chateaubriand,
Lettre à Feuillet de Conches, 1836

A Château-Thierry, j'ai retrouvé mon dieu, La Fontaine. C'était l'heure du salut : la femme de Jean n'y était plus, et Jean était retourné chez Mme de La Sablière.

Chateaubriand,
Mémoires d'outre-tombe, 1848-1850

La Fontaine «créateur d'âmes» (Taine)

Cette dissertation de doctorat comporte des passages qui ne sont pas recueillis dans le célèbre ouvrage de Taine :
La Fontaine et ses «Fables». *Moins systématique, elle pose notamment de profondes questions sur l'émergence de la fable au statut de poème.*

Des animaux
La Fontaine, qui dînait chez Mme Harvey, s'attarda un jour, et n'arriva qu'à la nuit. Il s'était amusé à suivre l'enterrement d'une fourmi jusqu'au lieu de la sépulture, puis il avait reconduit les gens du cortège à leur tanière.

Il a donc aimé et observé les animaux, et son livre est une galerie de bêtes aussi bien que d'hommes.

C'est que la fable n'est poétique qu'à cette condition. Le poète ne façonne pas arbitrairement les êtres, il les copie en les perfectionnant; il fait autrement que la nature, mais d'après la nature; son mérite est de la continuer, non de la pervertir. Si le Lion n'agissait qu'en roi, s'il n'avait pas pour Louvre «un antre,

vrai charnier»; si, lorsqu'il établit son budget, il ne comptait pas sur ses ongles, la fable serait froide et sans vie. Car la vie est le vrai, et un personnage ainsi faussé ne serait qu'un masque. Or, quand nous entrons chez le poète, nous venons voir une seconde nature qui doit valoir la première; nous visitons un créateur d'âmes, et non un fabricateur de déguisements. Nous voulons que le fabuliste, après avoir vu les hommes, quitte les hommes, qu'il aille dans les bois, parmi les terriers, sur la mousse, dans les sentiers que pratiquent les bêtes, ou bien dans leurs étables, sur leurs fumiers, et toujours parmi leurs occupations accoutumées. Il y a là tout un peuple et tout un monde, une hiérarchie, des caractères, des passions, des physionomies, des discours même. Ce ne sera pas fiction que de faire parler ces personnages «plus éloquents chez eux qu'ils ne sont dans nos vers».

Taine, *Essai sur les «Fables» de La Fontaine*, 1853

Ce que dit la bouche d'ombre (Hugo)

Avec les illustrations de Gustave Doré, Hugo offre la conception sans doute la plus visionnaire et la plus insolite de l'auteur du Chat, la Belette et le petit Lapin...

La Fontaine vit de la vie contemplative et visionnaire jusqu'à s'oublier lui-même et se perdre dans le grand tout. On peut presque dire qu'il végète plutôt qu'il ne vit. Il est là, dans le taillis, dans la clairière, le pied dans les mousses, la tête sous les feuilles, l'esprit dans le mystère, absorbé dans l'ensemble de ce qui est, identifié à la solitude. Il rêve, il regarde, il écoute, il scrute le nid d'oiseau, il observe le brin d'herbe, il épie le trou de taupes, il entend les langages inconnus du loup, du renard, de la belette, de la fourmi, du moucheron. Il n'existe plus pour lui-même : il n'a plus conscience de son être à part, son moi s'efface; il était là ce matin, il sera là ce soir; comme ce frêne, comme ce bouleau; un nuage passe, il ne le voit pas; une pluie tombe, il ne la sent pas. Ses pieds ont pris racine parmi les racines de la forêt; la grande sève universelle les traverse et lui monte au cerveau, et presque à son insu y devient pensée comme elle devient gland dans le chêne et mûre dans la ronce. Il la sent monter; il se sent vivre de cette grande vie égale et forte; il entre en communication avec la nature; il est en équilibre avec la création. Et que fait-il? Il travaille. Il travaille comme la création même, du travail direct de Dieu. Il fait sa fleur et son fruit, fable et moralité, poésie et philosophie; poésie étrange composée de tous les sens que la nature présente au rêveur, étrange philosophie qui sort des choses pour aller aux hommes.

La Fontaine, c'est un arbre de plus dans le bois, le fablier.

Hugo, *Post-scriptum de ma vie*, publication posthume

Un «miracle de culture», bien sûr...

Le plus classique des modernes devant le plus moderne des classiques. On pourrait retourner à Gide le compliment qu'il adresse à La Fontaine : «La touche est si discrète qu'elle pourrait passer inaperçue.»

19 septembre 1939.
J'ai quitté, ces jours derniers, Racine pour La Fontaine et rappris une dizaine de fables par cœur. La perfection de La Fontaine est plus subtile mais non moins exigeante que celle de Racine; elle étend sur moins d'espace une apparence plus négligée; mais il n'est que d'y prêter attention suffisante : la touche est si discrète qu'elle pourrait passer inaperçue. Rien n'est plus loin de l'insistance romantique. Il passe outre aussitôt; et si vous n'avez pas compris, tant pis. On ne saurait rêver d'art plus discret, d'apparence moins volontaire. C'est au point que l'on doute si l'on n'y ajoute point parfois, si La Fontaine est bien conscient lui-même, dans quelques vers ou quelques mots, de toute l'émotion qui s'y glisse; on sent aussi qu'il y entre de la malice et qu'il faut se

prêter au jeu, sous peine de ne pas bien l'entendre; car il ne prend rien au sérieux. Ah! combien avec lui nous sommes loin de la guerre!

22 mai 1943
Je ne suis point du tout de ceux qui dédaignent un peu ces premières fables de La Fontaine. Les suivantes, plus étendues, ont de tout autres qualités; mais celles du début gardent une densité, un poids, une épaisseur à la Breughel, qui me ravissent; et particulièrement *Le Loup et l'Agneau*, cette merveille. Pas un mot de trop; pas un trait, pas un des propos du dialogue, qui ne soit révélateur. C'est un objet parfait. Mais le goût de la perfection va se perdant et je pressens venir un temps où même elle fera sourire, comme on sourit aux jeux des enfants, où le *quod decet*, la pondération harmonieuse, la nuance, l'art enfin, céderont aux qualités «de choc», et aux considérations pratiques; où seul le fait importera. «Sombre plaisir d'un cœur mélancolique», c'en sera fait de vous! Ici commence l'âge viril, l'ère de la réalité.
André Gide, *Journal*, 1939-1949, Gallimard, Paris, 1954

Giraudoux et les tentations de La Fontaine

Appelé à prononcer cinq conférences sur la vie et l'œuvre de La Fontaine, Giraudoux s'attacha à dévoiler les cinq tentations qui faillirent détourner La Fontaine de son destin poétique : la vie bourgeoise, les femmes, le monde, la littérature (!), enfin, en bloc, le scepticisme et la religion. Voici un extrait de la quatrième : celle qui aurait pu détourner de son chef-d'œuvre le futur fabuliste voué et dévoué à la mode des vers galants. L'auteur montre, avec cette élégance voltigeante de la plume qui lui est propre, comment le milieu de Vaux servit d'école à La Fontaine au lieu de le perdre dans le labyrinthe des galanteries quintessenciées.

Le plus fidèle des habitants de Vaux n'était pas La Fontaine, qui n'était fidèle qu'à Fouquet, mais ces poissons et écureuils fidèles à leur race, à leur esprit, à l'univers et au temps, fidèles à La Fontaine. Aussi, quand il eut l'idée, toujours écrivain d'occasion, de s'essayer à ces imitations d'Esope qui devenaient à la mode, le voilà tout surpris, à la fois, et comblé, dès ses premières fables, de retrouver, admises dans la littérature à titre latin ou grec, les bêtes mêmes de Château-Thierry. Il est plus surpris encore, alors qu'il s'apprête à les revêtir de ce costume de bon ton qu'exigeait la décence poétique, de s'apercevoir qu'elles sont pour cela trop vivantes, qu'il les connaît trop, qu'il les connaît toutes. Il constate qu'il est à l'aise avec elles : toute cette science inconsciente d'eux, cette familiarité inconsciente avec eux, tout à coup se révèlent. L'étroite ménagerie d'Esope ne lui suffit plus. Elles arrivèrent toutes, non plus comme les animaux théoriques des fabulistes, mais dans leur force et leur vie. Toute la faune de Champagne accourt avec ses muscles, ses mouvements ombrageux ou confiants, sa fuite et son audace. Elles élargissent la pauvre et revêche fable de toute sa vérité, c'est-à-dire de toute la nature. Elles en font ce conte oriental dont elle est encore, dans notre littérature, le seul exemplaire. La Fontaine, au contraire des autres fabulistes qui attrapent des préceptes avec des animaux qui n'en ont que faire, devient le possesseur d'une meute vraie, innombrable, qui rabat sur lui la vérité. Il pêche sa vérité au cormoran, il la chasse au lion, avec des animaux qui, au lieu du maître indifférent qu'était Phèdre ou

Esope, trop occupés des hommes pour croire aux bêtes, sentent que La Fontaine les aime et qu'ils sont devenus la vraie raison de ses contes. La raison de ces contes est de donner, à ces forces pures et intègres qu'ils sont, un jeu, une boule à rouler, qui est l'homme.

Jean Giraudoux, *Les Cinq Tentations de La Fontaine*, Hachette, Paris, 1938

Un poète juge l'autre : Valéry lecteur de La Fontaine

On aurait pu croire La Fontaine fort éloigné des préoccupations d'un poète symboliste cultivant l'hermétisme et féru de sciences exactes. Il n'en est rien. Non seulement Adonis *auquel il a consacré une étude fameuse, mais les* Fables *aussi trouvent auprès de ce fin arrangeur de mots qu'était Valéry l'écoute attentive du connaisseur en délicatesses verbales d'où sourd le sens secret des choses.*

Une fable, selon sa manière, est faite d'un petit conte ou apologue, généralement emprunté, dont le récit tourne en leçon de morale, plus ou moins morale. Nous n'insisterons pas sur cette morale; nous n'en dirons qu'un mot : elle touche parfois à la politique, et laisse percer les sentiments de l'auteur. Il n'y a point de doute qu'il ne goûtât que médiocrement le régime absolu. L'affaire Fouquet brutalement menée avait dû lui laisser une impression pénible. Dans les *Fables*, quantité de traits visent «les Grands», la Cour, la Justice. Les abus de l'ancien droit sont à merveille accusés dans tel récit vivant et parfait comme celui qui s'intitule *Le Jardinier et son Seigneur*. Le prétendu distrait était un observateur impitoyable du système et des mœurs de son temps, aussi peu ébloui, peut-être aussi amer dans le fond que son ami Molière. On sent chez ces

deux grands hommes une arrière-pensée rebelle, et chez tous les deux une même complaisance significative pour la sagesse simple et les jugements rustiques des petites gens.

La Fontaine, ayant emprunté à quelque autre, Esope ou Phèdre, un «sujet», son acte créateur consiste dans *l'invention d'une forme*, et c'est par là qu'il se montre et qu'il se fait le très grand artiste complet qui se donne ses conditions, se trouve ses moyens, et tend toujours plus sûrement vers l'état de pleine possession et d'équilibre de ses forces. Ce progrès se voit dans les recueils successifs de *Fables* (1668-1678-1694). La forme par lui créée est d'une souplesse extraordinaire. Elle admet tous les tons du discours, passe du familier au solennel, du descriptif au dramatique, du plaisant au pathétique, et ménage ces modulations à tous les degrés qu'il faut, selon l'ampleur ou la minceur du thème à mettre en œuvre. Un des succès les plus heureux de cette liberté d'exécution se manifeste dans la combinaison inattendue de l'observation la plus fine et la plus juste des allures et des caractères des animaux, avec les sentiments et les propos humains qu'ils doivent affecter d'autre part. C'est une remarque devenue banale que celle du traitement de l'apologue en comédie, – parfois très petite comédie, mais toujours d'une vie et d'une vérité admirables. Il arrive que ce petit théâtre sur lequel le montreur présentait, agitait et faisait parler ses marionnettes à plumes et à poils, s'élargisse tout à coup et retentisse d'accents lyriques de la plus haute résonance. Mais tout ceci n'a été possible que par la vertu de cette forme poétique qui est et qui demeure *l'incomparable création de La Fontaine*. C'est au système des «vers variés» que nous faisons allusion.

P. Valéry, *La Fontaine*, Fayard, Paris, 1954

Récit de Cigale et morale de Fourmi

Soit une fable populaire, exemplaire, liminaire et lumineuse : transparente jusqu'à la plus parfaite limpidité, visitée et revisitée, ressassée, imitée, parodiée, concassée en menus morceaux par l'école, l'université, la critique et les bonnes gens. Reste-t-il encore quelque chose à y lire, à en dire ? Il paraît que oui. Le florilège critique qui suit est même loin d'en épuiser la matière : il fait seulement le tour de quelques approches critiques de La Cigale et la Fourmi. *Traquée par les lectures historiques, formalistes, socio-critiques, ethnologiques et poéticiennes, la fable révèle à la lumière de ces divers faisceaux braqués sur elle les contours capricieux et les profondeurs inattendues d'une anamorphose.*

Zoologue ou peintre animalier ? René Bray corrige l'optique de J. H. Fabre

René Bray rapporte la critique de La Cigale et la Fourmi *formulée par J. H. Fabre dans ses* Souvenirs entomologiques. *Il y répond par une autre optique qui refuse le «scientisme» du savant zoologue.*

Fabre en veut à La Fontaine d'avoir parlé de ce qu'il ne connaissait pas. Où ce Champenois aurait-il vu ou entendu une cigale ? «Pour lui la célèbre chanteuse est certainement une sauterelle.» Grave confusion d'homme du Nord ! Fabre sait pourtant bien que La Fontaine n'a pas inventé sa fable, qu'il n'est que l'écho d'Esope, que la Grèce autant que la Provence résonne au chant des cigales. Alors, c'est qu'Esope, ou l'inventeur de la fable ésopique, était un de ces lettrés citadins qui ne sortent pas de leur cabinet, font fi des observations des paysans sans renoncer à parler de la campagne, et se fondent sur quelque livre pour acquérir leur fausse science. Celui-ci, Esope ou un autre, a dû répéter quelque légende venue de l'Inde, légende védique – car l'Inde, «grande amie des bêtes», était incapable de se méprendre ainsi – ; en travestissant la fable primitive, en gardant l'action et le sens, en changeant les personnages, remplaçant des bêtes inconnues par des insectes qu'il croyait connaître, il a forgé, l'ignorant ! cette monstruosité que le candide Champenois a reproduite, pour égarer des générations d'écoliers.

Car c'est un monstre que cette fable. «La vérité rejette comme invention insensée ce que nous dit le fabuliste. Qu'il y ait parfois des relations entre la Cigale et la Fourmi, rien de plus certain ; seulement ces relations sont l'inverse de ce qu'on nous raconte. Elles ne viennent

jamais de l'initiative de la première, qui n'a jamais besoin du secours d'autrui pour vivre ; elles viennent de la seconde, race exploiteuse, accaparant dans ses greniers toute chose comestible.[…]»
Mais arrêtons-nous : notre enthousiaste savant nous entraîne un peu loin de notre sujet. Dans son zèle d'apologiste il voudrait nous faire lire une centaine de vers assez plats, écrits en provençal à la louange de la Cigale par un naturaliste orthodoxe. J'aime mieux l'histoire naturelle fantaisiste de notre fabuliste.

Et pourtant, quelle fantaisie ! Résumons les griefs. La cigale meurt à la fin de l'été et ne peut donc crier famine quand la bise souffle. L'hiver, la fourmi dort dans sa fourmilière et ne peut entendre l'implorante visiteuse. Même si la cigale vivait encore, elle ne chercherait ni mouche ni ver ; la malheureuse ne saurait qu'en faire ; elle n'a qu'un suçoir et ne se nourrit que de sève. S'accommoderait-elle mieux de ce grain que le poète inconséquent lui fait demander à la fourmi comme pis-aller et que la fourmi carnivore n'a certes pas mis en réserve ? Et pour finir voici que la cigale chante «nuit et jour» ! Le jour suffit, monsieur le Fabuliste, lorsque, comme notre naturaliste provençal, on voit tout l'été sa méditation troublée par le trop bruyant insecte.

Ne croyez pas que cette fantaisie n'a trouvé place que dans *La Cigale et la Fourmi* et que sur des animaux familiers le fabuliste donne aux enfants un enseignement plus conforme à la vérité scientifique. Il n'est que de feuilleter son recueil page après page pour s'apercevoir aussitôt de ses erreurs. […] Il faut s'entendre. La Fontaine est un

naturaliste plein de fantaisie, sans souci de la vérité, acceptant sans remords les plus fortes extravagances. Mais – je ne suis pas le premier à faire cette distinction – c'est un peintre animalier de grande valeur. Son livre n'est pas un recueil d'observations sur les mœurs des animaux, c'est un livre d'images où ils vivent par le dessin.

René Bray, *Les «Fables» de La Fontaine*, Nizet, Paris, 1946

Pierre Clarac : la grâce du tour et les secrets du ton

Microstructures et marqueterie : le grand lafontainien Pierre Clarac situait ici son analyse dans le détail des vers, pour y traquer la jouissance et la signifiance à ras de mots. Plaisir de lecteur savant qui se déguise en honnête homme non prévenu, mais doué de «l'oreille absolue».

La versification, dans les fables, n'est pas seulement un moyen d'expression. Elle est encore un élément musical indépendant du sentiment ou de l'idée et qui a sa beauté propre.

> *La cigale ayant chanté*
> *Tout l'été…*

Quelle oreille familière avec le rythme de *L'Aubépin* de Ronsard ou de l'*Avril* de Belleau ne reconnaît ici le commencement de la strophe légère qu'aimait la Pléiade, que ressusciteront Hugo, Sainte-Beuve et

Gautier et à laquelle La Fontaine lui-même s'est essayé maintes fois?

Pierre Clarac, *La Fontaine, l'homme et l'œuvre*, Le Seuil, Paris, 1947

C'est là son moindre défaut :
Le tour a disparu de l'usage; il équivaut à «C'est le défaut qu'elle a le moins»; entendez qu'elle ne l'a à aucun degré. On saisit la malice : pour la fourmi, prêter est un défaut, le plus grand défaut qui soit, celui dont elle se défendrait au besoin avec indignation. Voilà sa ladrerie tournée en ridicule. L'apologue ésopique ne tendait qu'à blâmer l'imprévoyance, il donnait le dernier mot à la dure ménagère. D'un sourire, La Fontaine fait du lecteur son complice et remet les choses au point.

Pierre Clarac, *La Fontaine par lui-même*, Le Seuil, Paris, 1961

Marcel Gutwirth : le plaisir de lecture

Voici une «explication de texte» fine et enjouée qui mêle remarques de fond et de forme, écoute musicale et attention intellectuelle : elle s'attache à l'alchimie par laquelle La Fontaine travaille la matière originale de la fable pour en tirer une œuvre moins décalée par rapport à son modèle qu'enrichie d'échos de sens et de sensibilité.

Depuis Esope, dont une version met en présence la cigale quémandeuse avec toute une troupe de fourmis étalant leur grain au soleil, la fable avait pour mission lourdement didactique d'imprimer à la jeunesse imprévoyante le souci du lendemain. L'été est la saison où la fourmi engrange; l'hiver, elle jouit d'une abondance méritée à la sueur de son front, pour ainsi dire. La cigale n'avait eu souci que de festoyer à la belle saison : maintenant qu'elle grelotte à la vue d'une bombance dont elle n'a pas gagné sa part! [...]

A tout cela qu'oppose La Fontaine? une Cigale que l'on entend, en -É, chanter à gorge déployée, puis, sur une rime lugubre en -U, grelotter quand un vent de glace la cisaille :

> *La cigale, ayant chanté*
> *Tout l'été,*
> *Se trouva fort dépourvue*
> *Quand la bise fut venue.*

Interrogée par sa peu charitable *voisine*, elle s'abandonne une dernière fois, l'inconsciente, à la générosité un peu pataude de son naturel tout en primesaut :

> *– Nuit et jour à tout venant*
> *Je chantais, ne vous déplaise.*

Joie de vivre, don de soi qui ne sait pas calculer (*à tout venant :* n'eût-il pas mieux valu un public choisi, payant!?), c'est là tout l'alibi de la nécessiteuse. Tant d'ingénuité, un si bel abandon au beau rêve de l'art, où tout est réciprocité aimante (elle dépense sans compter; que ses obligés n'en font-ils pas autant?) ne saurait manquer de toucher une âme un peu bien située (celle de Mme de Sévigné, mettons, lectrice enthousiaste). Un doute l'assaille, cependant, face à son interlocutrice corsetée de noir. En plein chant, la bouche grande ouverte sur la rime en -ANT, elle se ravise, tire son humble révérence : *ne vous déplaise.* L'autre saisit au bond l'occasion d'une ironique contre-révérence. Sa voix montée d'un octave sur l'interrogative en -É (écho moqueur où s'ensevelit la joie de ce qui fut encore, au premier vers, un souvenir de l'été), elle jette un :

> *- Vous chantiez? j'en suis fort aise.*

Pause menaçante. Le couperet tombe:

> *Eh bien! dansez maintenant.*

Ce qui du temps d'Esope avait été la boutade de fêtardes en bonne humeur fait résonner, en guise d'oraison funèbre de la cantatrice acculée à la misère, le cri aigre de la joie mauvaise dont elle emportera les accents dans la tombe. La nantie est sans pitié pour l'imprévoyante. Son désintéressement a peu de chances de fléchir celle qui n'a que trop bien pourvu à son intérêt propre. Deux morales ici s'affrontent : la morale artiste – et qui dit artiste dit un peu bohème –, morale de l'oubli de soi et du mépris des petites choses, morale débraillée si l'on met les choses au pire. Et la morale bourgeoise du donnant donnant, de l'effort récompensé, de la peine que l'on sait prendre, morale qui se referme sur l'acquis, et volontiers s'y constipe. Est-il besoin de tirer la «morale» de cet affrontement qui fait claquer si joyeusement la porte au nez de la suppliante? Et le poète n'a-t-il pas fait la part belle à l'imprévoyance en lui laissant étaler les trésors de son activité toute gratuite, laissant dans l'ombre le dur labeur de sa peu charitable antagoniste? Il aura bien fallu à Jean-Jacques une incroyable dose de mauvaise foi pour s'y tromper, dans l'*Emile*!

Marcel Gutwirth, *Un Merveilleux sans éclat. La Fontaine ou la poésie exilée*, Droz, Genève, 1987

Le trousseau de clefs de René Jasinski

René Jasinski tient la gageure de lire le premier Recueil comme une mosaïque allégorique vouée à restituer le cheminement de l'affaire Fouquet sous le masque des Fables. *Ce décryptage patient de l'entreprise de La Fontaine nécessite de recourir, pour chacune de ses étapes, chacun des apologues visités, à des clefs que fournit l'immédiate actualité. L'interprétation pourrait paraître systématique, partielle et réductrice, si chaque allusion au «récit» du procès, à ses attendus et à ses conséquences politiques, ne s'élargissait en méditation sur la «morale» de l'histoire – comme dans cette analyse de* La Cigale et la Fourmi.

La cigale-Fouquet peut demander l'assistance de la fourmi-Colbert : elle se heurte au plus haineux refus.

Telle est, selon nous, la signification première, essentiellement allégorique. Sous le couvert d'Esope s'amorce l'offensive qui va se développer à travers tout le recueil : liaison directe avec la campagne virulente qui, sous forme de satires, libelles, attaques plus ou moins clandestines de toute nature, s'en prend alors à Colbert en faveur de Foucquet. *Facit indignatio versum*. Les *Fables* ressortissent d'abord à la littérature militante.

Mais elles vont plus loin. Elles élargissent le genre. Aux hardiesses polémiques elles joignent les échos d'un drame intérieur intensément ressenti, médité. Là est le vif de l'inspiration. Foucquet lui-même ne donnait-il pas l'exemple? Emprisonné, privé des garanties légitimement accordées aux accusés, non seulement il faisait front à tous les réquisitoires, mais il forçait le respect, nous le savons, par son courage, sa sérénité, la sincérité de sa consolation en Dieu. Les épreuves le grandissaient. Comme l'«illustre malheureux», La Fontaine pareillement constate avec douleur l'injustice des hommes et la cruauté du sort. Lui aussi fait un retour sur lui-même, réfléchit, s'affermit, et la confrontation entre une sagesse millénaire et la terrible actualité fait ressortir pour lui sous un jour saisissant le jeu des intérêts, des passions, des sottes vanités, l'aide à dégager en les retrouvant les conclusions qui s'imposent.

Leçon de prudence? Oui certes. Et d'abord, il faut prévoir les mauvais jours. La cigale a eu tort de vivre dans l'insouciance. Elle prie et s'humilie en vain : les portes se ferment pour qui cherche assistance. En dehors même des haines comme celles que s'est attirées Foucquet, on s'expose à ne trouver qu'égoïsme et sécheresse où l'on espérait la compassion. Aussi bien les prévoyants qui ont peiné, économisé, se montrent-ils aisément défiants, durcis par une secrète rancune contre ceux qui se sont donné du bon temps. Telle est la leçon de l'expérience. Et La Fontaine en avait eu la confirmation lorsque lui-même, après la chute de son protecteur, s'était trouvé «fort dépourvu». A sa façon il avait dû, sinon «crier famine», du moins se muer en solliciteur. Que n'avait-il «épargné»!

René Jasinski,
La Fontaine et le premier recueil des Fables, Nizet, Paris, 1966, 2 vol.

La fabrique de l'œuvre : La Fontaine artisan (Patrick Dandrey)

La Fabrique des «Fables» tente de saisir l'apologue avant sa création, tel qu'il est «monté» par La Fontaine dans son atelier secret. L'exemple de La Cigale et la Fourmi, *dont la moralité demeure implicite, permet de s'interroger sur la place de la morale et plus largement de la sagesse dans le projet de La Fontaine : la promotion du genre en poème supprime-t-elle, relègue-t-elle, ou promeut-elle au contraire l'ambition de sagesse dévolue d'origine aux apologues ? Il ressort de l'étude de la fable que l'articulation entre moralité et récit est en fait renforcée par la transfiguration de l'apologue en poème : récit et morale y sont aussi inséparables que le revers et l'avers d'une même médaille.*

Ainsi s'éclaire le choix qu'on pourrait juger paradoxal d'introduire le recueil par une fable dépourvue de moralité explicite, l'apologue de *La Cigale et la Fourmi*, texte auquel sa notoriété dans la tradition ancienne et sa place dans le livre nouveau confèrent presque un rôle de manifeste. On pouvait être tenté de regarder ce choix sinon comme un coup de force contre le souci didactique inhérent au genre, du moins comme une discrète éviction coïncidant avec l'entrée de celui-ci en poésie. Sans doute n'en est-il rien. On peut en croire le poète : la moralité n'a pas lieu d'être exprimée, tout simplement, là où «elle n'a pu entrer avec grâce et où il est aisé au lecteur de la suppléer». Mais entendons dans toute sa force la coordination entre les deux motifs : la suppression de la moralité provient de l'importance nouvelle prise par les exigences de l'esthétique narrative intrinsèquement combinées – et non pas fortuitement associées – à la déduction implicite du sens moral *diffusé désormais dans l'ensemble du récit*. La révolution qu'introduit la poésie dans les fables n'a pas pour effet d'en exclure la moralité, mais de l'y inclure autrement et même plus profondément grâce à son association avec la narration qui peut confiner à l'osmose.

A la place de la fable «décryptée» que l'on attendait, voici donc un petit conte pittoresque et piquant, dont tout le charme et tout le sens découlent des effets subtils et souriants du parallèle entre bêtes et gens. D'instrument didactique à finalité démonstrative, ce parallèle est devenu ornement esthétique; mais en échange, c'est lui qui fait le piquant du «mot» final – «chanter» vaut pour l'insecte, mais non «danser» –, trait dans lequel se love la moralité, parée d'esprit et d'effet sans qu'il soit plus nécessaire, comme dans l'original, de la déduire et de l'expliciter prosaïquement, et d'autant plus brillante et incisive. La métamorphose d'un ancien outil didactique en accessoire du nouveau théâtre des fables poétique et enjoué, a par contrecoup revêtu du masque de scène la moralité qui, loin de s'en trouver bridée, prend place désormais parmi les protagonistes du spectacle.

Cet exemple montre que le fabuliste, pour conteur qu'il soit, fait plus que respecter la spécificité du conte moral qu'est la fable : il intègre à la «gaieté» qui pare sa narration les effets didactiques escomptés de l'allégorie animalière oscillant entre bestiaire et comédie humaine. De sorte que le déchiffrement de celle-ci à travers celui-là ne s'opère plus seulement au lieu qui lui était traditionnellement assigné, à l'intérieur d'une moralité séparée, mais tout au long du poème, dans le jeu de ces souriants effets de parallélisme ménagés par l'esthétique de la gaieté. Le charme de ce tour unifie et confond les mécanismes de «transition» et de «transposition» dont l'articulation fonde le genre de l'apologue, en projetant le mécanisme de déchiffrement final sur tout l'ensemble de la narration : du parallélisme entre bêtes et gens la fable ainsi transfigurée use à la fois pour unifier la narration, l'ornementer, l'égayer et la décrypter.

Autant dire que La Fontaine renouvelle sans le trahir le modèle ésopique, en exploitant à des fins esthétiques toutes les composantes du genre, celles notamment dont la visée n'était à l'origine que didactique. De l'apologue ainsi transfiguré la dimension morale n'est pas exclue, elle est au contraire incluse dans une visée supérieure qui la transcende, en vertu de laquelle elle se trouve à la fois déplacée et élargie : déplacée, car la moralité n'est plus tout à fait là où on l'attend; élargie, car le didactisme naïf de l'apologue ésopique s'épanouit en sagesse universelle, en vision du monde et de l'homme de plus en plus ambitieuse.

Patrick Dandrey, *La Fabrique des «Fables». Essai sur la poétique de La Fontaine*, Klincksieck, Paris, 1991

Marc Fumaroli : la culture rhétorique et théologique du fabuliste

Un exemple de note érudite et suggestive dans une des deux éditions de référence parues ces dernières années : les sources multiples et les diverses approches critiques de la fable sont évoquées ; deux d'entre elles sont exploitées pour offrir des aperçus sur un point essentiel de sa forme (la rhétorique de l'amplification, de l'innutrition et de la contamination) et de son sens (la réversibilité de la morale rapportée à la tradition biblique).

Cette fable, dont Aphtonius, rhéteur du IIIe siècle, se sert pour définir le genre dans le premier de ses *Exercices* (ou *Progymnasmata*), manuel de rhétorique qui connut un immense succès dans les collèges de la Renaissance et du XVIIe siècle, figure également en tête du recueil de *Fables* qui porte son nom, et qui est compris dans la *Mythologia æsopica* de Nevelet. [...]

G. Couton (*Poétique de La Fontaine*, 1957) a montré que la méthode de composition de L.F. doit beaucoup à la technique d'amplification enseignée par Aphtonius et reprise par toute la pédagogie humaniste. Le canevas de départ pouvait être fourni au poète à la fois par l'apologue original d'Esope et par la version qu'en propose Aphtonius, qui figurent l'une et l'autre, avec leur traduction latine, dans le recueil de

Nevelet (p. 19 et p. 322). Outre l'amplification, la technique de L.F. suppose aussi l'imitation, non d'un seul modèle, mais de plusieurs, par innutrition et contamination. Et là c'est toute la culture littéraire immense du poète qu'il faudrait reconstituer pour ressaisir à la fois la foule de ses modèles latins, italiens, français, néo-latins (le plus souvent étrangers à la tradition de l'apologue proprement dit) et le geste de synthèse qui les fait oublier dans l'œuvre lisse, ronde, homogène. Retenons ici l'une de ces innutritions, signalée par R. Jasinski (*Le Premier Recueil*, 1966, p. 197) : la Bible, *Proverbes*, VI, 6-8 (*Le*

Paresseux et la Fourmi). R. Jasinski ne mesure pas que ce «modèle» incontestable, que L.F. avait dans l'esprit en même temps que le modèle ésopique, ruine son interprétation des *Fables* comme un vulgaire pamphlet politique à clef! Dès la première fable, le ton et le sens sont donnés, très proches des *Psaumes*, des *Proverbes*, de l'*Ecclésiaste* : ils sont dans la même tradition que l'*Eloge de la folie* d'Erasme, ils mettent sur la voie d'une sagesse supérieure aux passions contradictoires, aux illusions, et à l'orgueil des hommes, réfléchis dans les vices et les erreurs prêtés aux animaux. Pour guider l'interprétation de cette fable, il faut rappeler que, dans la tradition de l'épigramme grecque (voir *Anthologie grecque*, t. VIII, l. IX, éd. Belles-Lettres, 1978, *passim*), la cigale, insecte musicien, est par là même sacrée, et tient lieu du poète, comme le rossignol : la confrontation entre la sagesse de la fourmi et la «folie» de la cigale n'est peut-être pas à prendre dans un sens univoque.

Marc Fumaroli, éditions des *Fables*, Imprimerie nationale, Paris, 1985, 2 vol.

Jean-Pierre Collinet : autoportrait du poète en insecte chanteur.

En s'appuyant sur des rapprochements inédits avec certains textes de la tradition immédiatement antérieure à La Fontaine, Jean-Pierre Collinet, dans une autre édition de référence actuelle, invite à décrypter l'apologue comme une miniature allégorique de sa condition que cisèle le poète, tout en l'harmonisant par contraste avec la fable croassante qui suit – autre «musique».

La Cigale ne paraît nulle part ailleurs chez La Fontaine (sauf dans *La Vie d'Esope*). Elle symbolisait depuis l'Antiquité grecque (Homère, Anacréon, Platon, Théocrite) l'amour éperdu de la musique et l'insouciance de la poésie, condamnée à demeurer toujours pauvre, à l'égard des contingences matérielles, tandis que la Fourmi a, de tout temps, représenté le patient effort pour amasser en prévoyance de l'avenir. Sur le sens de l'apologue, on trouve une remarque éclairante de Sorel dans ses *Remarques sur les quatorze livres du «Berger extravagant»*, p 581, à propos de la Fourmi qui, dans les fables d'Esope, «se moque de la Cigale qui chante tout l'été sans songer à faire des provisions pour son hiver» : «Aussi les cigales sont-elles comparées aux pauvres poètes qui passent leurs plus beaux ans à chanter la gloire des seigneurs : à quoi ils n'amassent rien et ne connaissent leur imprudence qu'en leur vieillesse.» Témoin d'Esternod (*L'Espadon satyrique*, satyre XII, 34e sizain; Lyon, Jean Laurent, 1619) : «J'ai imité donc les cigales / Qui se dupaient sans intervalles, / Voyant travailler les fourmis. / Ha! qu'il n'y a telle finesse / Que d'acquérir pour sa vieillesse / Un peu de bien et des amis.» Pour Jean Baudoin, la Cigale évoque Homère, le vieil aède aveugle, dont la vie passée à réciter «à tout venant» (*Les Fables d'Æsope phrygien, traduites et moralisées*, Lyon, Claude Carteron, 1687, p. 311), comme ici, s'est achevée dans une profonde détresse. Cette fable-ci forme avec la suivante un diptyque plaisamment contrasté : l'une présente une admirable musicienne, à laquelle s'oppose le piètre chanteur de l'autre. La Cigale y laissera sa vie; le Corbeau, dépossédé de son fromage, s'en trouvera quitte pour une simple mortification, cuisante seulement à son amour-propre.

Jean-Pierre Collinet, *Fables et contes*, t. I des *Œuvres complètes*, Paris, Gallimard, 1991

Variations, pastiches et contrefaçons

La meilleure critique est d'imitation, dit-on souvent. Et l'hommage de la dérision vaut bien celui de la déférence.

La cigale ayant baisé
   Tout l'été
Se trouva bien désolée
Quand Langeron l'eut quittée;
Pas le moindre pauvre amant
Pour soulager son tourment.
Elle alla crier famine
Chez la Grignan sa voisine,
La priant de lui prêter
Un Grignan pour subsister
Jusqu'à la saison nouvelle.
– Je vous le rendrai, dit-elle,
Avant qu'il soit quatre mois,
Sans l'avoir mis aux abois.
La Grignan n'est pas prêteuse.
C'est là son moindre défaut.
– Lequel est-ce qu'il vous faut?
Dit-elle à cette emprunteuse.
– Le Chevalier seulement,
Dit la triste tourterelle.
– Le Chevalier, lui dit-elle,
J'en ai besoin maintenant.
     ***Recueil des pièces curieuses et
nouvelles*, Paris, 1694 (satire anonyme
sur Françoise de Montalais, comtesse de
Marans, maîtresse de Joseph Andrault,
comte de Langeron).

LE POÈTE ET LA CIGALE

Un poète ayant rimé
   Imprimé,
Vit sa Muse dépourvue
De marraine, et presque nue :
Pas le plus petit morceau
De vers… ou de vermisseau.
Il alla crier famine
Chez une blonde voisine,
La priant de lui prêter
Son petit nom pour rimer
(C'était une rime en elle).
– Oh ! je vous paîrai, Marcelle,
Avant l'août, foi d'animal !
Intérêt et principal.
La voisine est très prêteuse,
C'est son plus joli défaut :
– Quoi : c'est tout ce qu'il vous faut ?
Votre Muse est bien heureuse…
Nuit et jour, à tout venant,
Rimez mon nom… Qu'il vous plaise !
Et moi j'en serai fort aise.
Voyons : chantez maintenant.
    Tristan Corbière, *Les Amours jaunes*,
                  1873

LA CIMAISE ET LA FRACTION

La cimaise ayant chaponné tout
          [l'éternueur
Se tuba fort dépurative quand la bixacée
          [fut verdie :
Pas un sexué pétrographique morio de
          [mouffette ou de verrat.
Elle alla crocher frange
Chez la fraction sa volcanique
La processionnant de lui primer
Quelque gramen pour succomber
Jusqu'à la salanque nucléaire.
«Je vous peinerai, lui discorda-t-elle,
Avant l'apanage, folâtrerie d'Annamite!
Interlocutoire et priodonte.»
La fraction n'est pas prévisible :
C'est là son moléculaire défi.
«Que ferriez-vous au tendon cher?
Discorda-t-elle à cette énarthrose.
– Nuncupation et joyau à tout vendeur,
Je chaponnais, ne vous déploie.
– Vous chaponniez? J'en suis fort
          [alarmante.
Eh bien! débagoulez maintenant.»

    Oulipo, *La Littérature potentielle*,
        coll. Idées, 1973, Gallimard

CHRONOLOGIE ABRÉGÉE

1621 Naissance de Jean de La Fontaine à Château-Thierry.

1641-1642 Noviciat à l'Oratoire de Paris.

1647 Mariage avec Marie Héricart.

1652 Acquisition d'une charge de maître triennal des eaux et forêts.

1653 Baptême de son fils Charles.

1654 Publication de *L'Eunuque*, comédie.

1658 Mort de son père. Le manuscrit d'*Adonis* est offert à Fouquet.

1659 Contrat de la «pension poétique». Diverses pièces galantes. Début du *Songe de Vaux*.

1661 Fête de Vaux et chute de Fouquet.

1662 Condamnation pour usurpation de noblesse. *Elégie aux Nymphes de Vaux* en faveur de Fouquet publiée en feuille volante.

1663 Voyage d'exil avec l'oncle Jannart. *Relation d'un voyage de Paris en Limousin*.

1664 La Fontaine entre en qualité de gentilhomme servant chez la duchesse d'Orléans. Première édition des *Contes et Nouvelles en vers*.

1666 Deuxième partie des *Contes et Nouvelles en vers*.

1668 Publication du premier recueil des *Fables*.

1669 *Les Amours de Psyché et de Cupidon*, roman mêlé de vers et suivi de la première édition imprimée d'*Adonis*.

1670 *Recueil des poésies chrétiennes et diverses*, 3 vol. Anthologie poétique dédiée au prince de Conti et préparée notamment par La Fontaine. Elle contient plusieurs pièces de lui, dont la *Paraphrase sur le Psaume XVII* et l'*Ode au roi* de 1663 encore inédites.

1671 Quittance de La Fontaine au duc de Bouillon pour le remboursement de ses charges des eaux et forêts. Troisième partie des *Contes et Nouvelles*. Recueil des *Fables nouvelles et autres poésies*, contenant huit fables inédites et les quatre *Elégies*.

1672 Mort de la duchesse d'Orléans. La Fontaine est accueilli au début de l'année suivante par Mme de La Sablière.

1673 *Poème de la captivité de saint Malc*, paru anonymement.

1674 Publication sans privilège des *Nouveaux Contes*. Echec du livret de *Daphné* refusé par Lully.

1675 Les *Nouveaux Contes* sont censurés et saisis.

1676 Vente de la maison de Château-Thierry.

1678 Nouveau recueil de *Fables*, en 3 vol. Le troisième est formé des actuels livres VII et VIII, encore inédits.

1679 Publication des livres IX à XI des *Fables* (4ᵉ tome de la nouvelle édition).

1680 Mort de Fouquet à Pignerol.

1681 Publication des *Epîtres de Sénèque* traduites par Pintrel et revues par La Fontaine qui y a peut-être traduit les vers latins en français.

1682 *Poème sur le quinquina et autres ouvrages en vers*, contenant *Daphné*, les deux actes de *Galatée*, et les contes *La Matrone d'Ephèse* et *Belphégor*.

1683 Election à l'Académie française, suspendue d'abord par Louis XIV puis «consommée» six mois plus tard.

1684 Discours de réception à l'Académie : lecture publique du *Discours à Mᵐᵉ de La Sablière*.

1685 Furetière est exclu de l'Académie. Publication des *Ouvrages de prose et de poésie* de La Fontaine et Maucroix, contenant dix fables inédites qui entreront dans le livre XII.

1687 *Epître à Huet*, sur la querelle des Anciens et des Modernes. Tentations (réelles ou fictives) d'un séjour en Angleterre.

1688 La Comédie-Française donne *La Coupe enchantée* de Champmeslé d'après le conte de La Fontaine. La Fontaine, à l'occasion du mariage de Conti, lui dédie *Le Milan, le Roi et le Chasseur*.

1689 Diverses lettres en vers au duc de Vendôme et au prince de Conti.

1691 Création de *L'Astrée*, livret de La Fontaine, musique de Colasse.

1693 Mort de Mᵐᵉ de La Sablière. La Fontaine est accueilli chez les Hervart. Conversion et abjuration publique des *Contes*.

1694 Publication des *Fables choisies*, actuel livre XII.

1695 Mort de La Fontaine à l'hôtel d'Hervart.

BIBLIOGRAPHIE SÉLECTIVE

Documentation

- *** Le Fablier, revue annuelle publiée par la Société Jean de La Fontaine, 1989.
- Bassy, A.-M., *Les Fables de La Fontaine. Quatre siècles d'illustrations*, Promodis, 1986.
- Bornecque, P., *La Fontaine fabuliste* [répertoires statistiques commentés], SEDES, 1973 (1991).
- Dandrey, P., «La Fontaine. Bibliographie décennale 1980-1989» [307 rubriques raisonnées], *Le Fablier*, n° 3, 1991.
- Mongrédien, C., *Recueil des textes et documents du XVIIᵉ siècle consacrés à La Fontaine*, CNRS, 1973.

Editions

- *Œuvres complètes*, Gallimard, «Bibliothèque de la Pléiade», 2 vol. Tome I : *Fables, Contes et Nouvelles*, éd. J.-P. Collinet, 1991. Tome II : *Œuvres diverses*, éd. P. Clarac, 1942 (1958).
- *Fables*, éd. M. Fumaroli, Imprimerie nationale, 1985, 2 vol. (Pochothèque, 1995).

Etudes

- Biard, J.-D., *Le Style des Fables de La Fontaine*, Nizet, 1970.
- Clarac, P., *La Fontaine, l'homme et l'œuvre*, 1948.
- Collinet, J.-P., *Le Monde littéraire de La Fontaine*, PUF, 1970 (Genève, Slatkine, 1989).
- Couton, G., *La Poétique de La Fontaine*, PUF, 1957.
- Dandrey, P., *La Fabrique des Fables. Essai sur la poétique de La Fontaine*, Klincksieck, 1991, 1992; PUF, coll. «Quadrige», 1996.
- Duchêne, R., *Jean de La Fontaine*, Fayard, 1990.
- Fumaroli, M. *Le Poète et le Roi*, de Fallois, 1997; Livre de Poche, coll. «Références», 1999.
- Grimm, J., *Le Pouvoir des fables. Etudes lafontainiennes*, Tübingen, PFSCL, 1994-1995.
- Gutwirth, M., *Un merveilleux sans éclat : La Fontaine ou la poésie exilée*, Genève, Droz, 1987.
- Jasinski, R., *La Fontaine et le premier recueil des Fables*, Nizet, 1966, 2 vol.
- Mourgues, O. de, *Ô Muse, fuyante proie... Essai sur la poésie de La Fontaine*, Corti, 1987.
- Serres, M., *Le Parasite*, Grasset, 1980.

TABLE DES ILLUSTRATIONS

INDEX

CRÉDITS PHOTOGRAPHIQUES

Académie française/cliché Patrick Horvais, Paris 77b. ADAGP/Collection particulière/Christie's, Londres 65. ADAGP/Galerie Larock-Granoff, Paris 64. Archives Casterman, Tournai, Belgique 1er plat de couv. Bibliothèque nationale, Paris dos de couv., 15, 17, 22h, 24h, 27b, 30h, 37h, 40-41, 43b, 43h, 44, 66-67, 73h, 74b, 76, 78bg. Bulloz, Paris 34, 45, 46, 47, 48, 49. Collection musée Jean-de La-Fontaine, Château-Thierry 16-17, 51. Collection Pierre Pitrou, Paris 3, 58-59, 60b, 61h. Collection Viollet, Paris 8b, 24b, 30b, 35, 52, 59, 70, 78bd, 82, 90. Droits réservés 2e plat de couv., 1, 2, 4, 5, 6, 7, 8, 9, 16, 38, 53h, 54h, 56, 56-57, 57, 58, 60h, 61b, 85, 95, 96, 101. Edimedia, Paris 32h, 68-69, 72. Edimédia/R. Guillemot, Paris 26, 40, 41. Explorer/J.-L. Charmet, Paris 18h, 31b, 86. Explorer/P. Tetrel, Paris 27h. G. Dagli-Orti, Paris 18-19, 22b, 23h, 24-25, 42h, 50. Giraudon, Paris 36, 37b, 68, 69b, 71, 74h, 75b, 77h, 80. Giraudon/Bridgeman, Paris 12. Harlingue-Viollet, Paris 42b, 59. Lauros-Giraudon, Paris 20-21,.28, 31h, 33b, 53b, 73b. Photothèque des musées de la Ville de Paris 29. ND-Viollet, Paris 21. Réunion des Musées nationaux 11, 13, 14, 20, 23b, 32b, 33h, 38-39, 54b, 55, 78-79. Réunion des Musées nationaux/R.G. Ojeda, Paris 62, 63.

REMERCIEMENTS

L'auteur remercie Jean-Pierre Collinet, Marc Fumaroli et Roger Zuber pour leurs conseils éclairés et savants ; et tous ses amis lafontainiens pour leurs indispensables travaux, dont le présent ouvrage a largement bénéficié. L'éditeur remercie Christian Biet.

ÉDITION ET FABRICATION

DÉCOUVERTES GALLIMARD
DIRECTION Pierre Marchand et Elisabeth de Farcy
GRAPHISME Alain Gouessant. FABRICATION Violaine Grare. PROMOTION-PRESSE Valérie Tolstoï

LA FONTAINE
EDITION Cécile Dutheil de la Rochère. MAQUETTE Catherine Le Troquier et Christophe Saconney (Témoignages et documents). ICONOGRAPHIE Christine de Bissy.
LECTURE-CORRECTION François Boisivon. PHOTOGRAVURE Arc-en-Ciel.
MONTAGE PAO Paragramme.

Table des matières